Cosa dice il mio bebè

Cosa dice il mio bebè

Sguardi, smorfie, gesti: guida fotografica
alla meravigliosa lingua del neonato
e del bimbo che cresce

Dott. Kevin Nugent
fotografie di Abelardo Morell

il castoro

Cosa dice il mio bebè
di J. Kevin Nugent
fotografie di Abelardo Morell

Traduzione di Alessandro Peroni

viale Abruzzi 72, 20131 Milano
www.castoro-on-line.it
info@castoro-on-line.it

Design del libro: Melissa Lofty
Fotografie degli autori in copertina: Aimee Fix

Titolo originale: *Your Baby Is Speaking to You*
pubblicato per la prima volta da Houghton Mifflin
Harcourt Publishing Company, New York.

ISBN 978-88-8033-644-0

A Una, Aofie e David Declan – le mo bhuiochas, mo ghra go deo.

—J. KEVIN NUGENT

A Laura e Brady, che sono stati i miei bambini.

—ABELARDO MORELL

Indice

Introduzione

Poco dopo il mio arrivo all'Ospedale pediatrico di Boston, più di tre decenni fa, ebbi l'opportunità di accompagnare nel giro di visite il dottor Berry Brazelton, considerato già allora un pioniere nello studio dello sviluppo infantile. Ricordo ancora quando, guardando una culla di metallo in un angolo tranquillo della nursery, vidi una minuscola neonata di un giorno, tutta avvolta nelle fasce e con la testa protetta da una cuffia di cotone da cui spuntava solo il visino rosa. Non appena la giovane madre entrò, ci zittimmo tutti. La donna si sedette accanto alla culla con aria ansiosa e vulnerabile, comprensibilmente imbarazzata per la presenza di quegli osservatori in camice bianco.

Quando Brazelton cominciò a svolgere le fasce, non sapevo che cosa aspettarmi. Non ancora padre, immaginavo che un neonato di un giorno fosse solo un bambino molto piccolo e nulla più. Brazelton provò i riflessi del piede della neonata, poi piegò le braccia e le gambe per verificarne il tono muscolare. Ormai la bambina era completamente sveglia. D'un tratto il medico prese una palla rossa e la tenne a circa trenta centimetri dai suoi occhi. «Un neonato è in grado di vedere?» mi domandai. Proprio in quell'istante, gli occhi della bambina localizzarono la palla di colore vivo e presero a seguirla. «Ci vede!» esclamò la madre scuotendo la testa, incredula. Quando Brazelton si mise a parlare alla bambina in tono melodioso – chiamandola per nome, Sarah – gli occhi della piccola si spalancarono, illuminandosi. Le sue reazioni non avevano niente di casuale: lo sguardo era attento e il ritmo dell'interazione tra la bambina e il medico rivelava un evidente scambio comunicativo.

Fu allora che mi imbattei per la prima volta nello sguardo intenso del neonato umano. Nata soltanto da un giorno, quella bambina non era un organismo passivo in attesa che il mondo plasmasse il suo destino. La capacità di Sarah di vedere e udire era indiscutibile, ma fu la sua naturale curiosità, la prontezza nello stabilire un rapporto con l'ambiente a impressionarmi. Era una persona a tutti gli effetti. Quando vidi la giovane madre che si stringeva la bambina al petto ripetendone il nome con le lacrime agli occhi, ormai incurante della nostra presenza, i miei pensieri si arrestarono per la seconda volta quel giorno. Rimasi colpito dalla forza e dalla tenerezza del loro legame; era come se la donna avesse appena scoperto la purezza e l'intensità dei suoi sentimenti nei confronti della figlia.

Se quel giorno il rapporto tra Sarah e la madre si trasformò, anch'io subii un cambiamento profondo. Sono convinto che il mio interesse professionale per lo sviluppo infantile sia nato in quel momento. Osservare le capacità sorprendenti di quella neonata e l'impatto emotivo che ebbero sulla madre durante le sue prime ore di vita in un giorno d'inverno, nel reparto maternità di quel vecchio ospedale di Boston, senza dubbio contribuì in modo decisivo a dare un nuovo corso alla mia vita.

Soltanto in seguito mi resi conto che a infondere in questa svolta un tale, inatteso senso di predestinazione era stata un'esperienza risalente alla mia stessa infanzia.

Nella mia reazione di fronte alla neonata Sarah riecheggiva l'epoca in cui mi ero preso cura del mio fratellino dopo la morte di nostra madre. Non avevo ancora undici anni, sicché vissi la perdita di mia madre come la fine dell'amore e della sicurezza. Mi sentivo solo e abbandonato, travolto da un senso di vulnerabilità, tristezza, lacerazione, vuoto e perdita, ma occuparmi di mio fratello – tenerlo in braccio, dargli da mangiare, cambiarlo, giocare con lui, portarlo in passeggino per le strade della nostra cittadina irlandese –

in qualche modo mi strappava al dolore e alla solitudine consentendomi di riempire il vuoto e ricostruire la mia fiducia in quel mondo d'un tratto mutato. Tale esperienza mi aiutò a riconquistare l'innocenza perduta e a ritrovare una qualche forma di speranza.

Nel corso degli anni, con un certo inevitabile determinismo, il mio lavoro all'Ospedale pediatrico si è gradualmente concentrato sulla capacità dei neonati di instaurare rapporti con le persone che li accudiscono e di provocare in loro mutamenti. Come dimostrano diversi studi, infatti, i bambini sono programmati biologicamente per essere organismi pro-sociali che cercano attivamente il contatto con chi hanno intorno. Vero capolavoro della creazione, il neonato sociale ha la capacità di cambiare e trasformare chiunque entri nella sua orbita.

Il neonato competente

Essendo nati con un ricco repertorio comportamentale, i neonati sono in grado di dedicarsi per brevi periodi a interazioni vis-à-vis. Questa facilità nello stabilire un rapporto con le persone che li accudiscono è resa possibile da un'ampia gamma di capacità visive, uditive e percettive che consentono al neonato di esplorare il mondo circostante.

Sappiamo che i neonati sono attratti dai volti umani più che da ogni altra cosa e che sono in grado persino di distinguere un'espressione felice da una triste. L'orecchio di un neonato è così fine da poter individuare una battuta mancante in un motivo musicale e, cosa più importante, sa riconoscere il suono della voce materna. I bambini hanno un senso dell'olfatto raffinato fin dall'inizio e sanno dunque riconoscere con chiarezza l'odore della mamma. E, dal momento che alla nascita la corteccia sensoriale è la parte del cervello più sviluppata, sono già straordinariamente sensibili al tatto.

Ma un semplice elenco di tali abilità non rende giustizia alla ricchezza del repertorio comportamentale di vostro figlio. È il modo in cui questi riunisce le sue competenze in maniera coerente, addirittura intenzionale, a rivelare la sua personalità individuale, unica. Prese nel loro complesso, queste notevoli capacità permettono al neonato di fronteggiare il principale compito dello sviluppo che ha davanti a sé, ovvero creare un legame affettivo durevole con voi genitori.

Il linguaggio dei neonati

La parola «infanzia» deriva dal latino *infans* che significa «incapace di parlare». Pur non sapendo parlare, i bambini piccoli hanno a loro disposizione un ampio ventaglio di strategie comunicative straordinariamente precoci. Alcuni dei loro segnali sono chiari e inequivocabili, aperti inviti a interagire o ad allontanarsi, mentre altri non sono altrettanto facili da interpretare.

Le strategie comunicative usate dal neonato sono perfettamente programmate per attirare l'attenzione e, in tal modo, assicurargli la sopravvivenza e l'adattamento. Il suo linguaggio può essere chiaro come un pianto intenso («Aiutatemi!») o sottile e fugace come il corrugamento della fronte per indicare un lieve disappunto («Questa interazione è un po' troppo intensa per me»). Può essere uno sguardo vispo («Questo è interessante») o un lieve cambiamento del colore del viso («Sono un po' stanco, concedetemi una piccola pausa»); un accenno di sorriso assonnato («Sto riposando, non disturbatemi») o un'accelerazione del ritmo respiratorio («Questo gioco sta diventando troppo stimolante»).

Che siano le sopracciglia inarcate, la fronte corrugata, le dita divaricate o i muscoli delle gambe irrigiditi, questi segnali sono i «termini» o le «frasi» che il vostro bambino usa per comunicare, i fonemi del suo linguaggio, le sue prime parole. Tali segnali non sono fortuiti bensì trasmettono messaggi, forniscono informazioni, rivelano di quali cure ha bisogno il bambino per crescere e svilupparsi, dicono ciò che gli piace o preferisce e ciò che non gli piace. *Cosa dice il mio bebè* vi spiega come prestare attenzione a questi segnali e come interpretarli.

La reazione sincera

I segnali di un bambino piccolo sono attendibili; non vi è discrepanza tra la sensazione e la sua manifestazione. Le espressioni emotive facciali e vocali dei neonati possono essere più sottili di quelle dei bambini più grandi o degli adulti ma, a differenza degli adulti, i neonati non possono celare i loro sentimenti. Il comportamento del vostro bambino è una finestra sulla sua mente e sui suoi sentimenti: che sia un pianto intenso e prolungato, un fremito delle palpebre o un radioso sorriso sociale, si tratta sempre di una reazione autentica, della quale potete fidarvi in modo incondizionato.

Essendo in parte già consapevoli che è in gioco la loro sopravvivenza, i neonati sono sintonizzati sui segnali comportamentali delle persone che si occupano di loro. Il vostro bambino, quindi, è estremamente sensibile a ogni tocco, parola ed esclamazione allegra volti a rassicurarlo e tutte le vostre reazioni affettuose accrescono il suo senso di benessere e di sicurezza lasciando un'impronta nel suo cervello.

Capire il linguaggio del vostro bambino

I genitori e le altre persone che si prendono cura di un bambino piccolo si lamentano, spesso sorridendo a denti stretti, del fatto che i neonati non vengano al mondo forniti di un manuale di istruzioni. Ma in realtà vostro figlio è nato con le «indicazioni per l'uso» inserite nel proprio comportamento, in grado di rivelarvi ciò di cui ha bisogno per sopravvivere e crescere bene. Tali indicazioni tuttavia vanno decifrate e, dal momento che ogni neonato è differente, con un'indole e una sensibilità peculiari, esse sono uniche. Una volta che avrete imparato a decifrarne il comportamento, il vostro bambino vi offrirà informazioni molto preziose sulle sue preferenze, i suoi bisogni e le sue aspettative. In altre parole, su ciò che è.

Cosa dice il mio bebè vuole essere una guida per decifrare il codice del vostro piccolo e interpretarne il linguaggio, in modo che possiate sentire la sua voce e capire cosa vi dice. Con l'ausilio del testo e delle fotografie imparerete ad affinare la vostra capacità di osservazione, a riconoscere i segnali del bambino e a coglierne il senso. Guardando le espressioni, le posture e i movimenti ritratti nelle foto ed esaminandone il significato analizzato nel testo, vi preparerete all'entusiasmante esperienza – a cui ho avuto il privilegio di assistere innumerevoli volte osservando i neogenitori – di riconoscerli in vostro figlio.

Questo è il vostro bambino

Cosa dice il mio bebè non è semplicemente un compendio degli studi condotti nel corso degli anni sulle straordinarie capacità dei neonati, bensì un libro che vi aiuterà a conoscere il vostro piccolo come persona, permettendovi di sentirvi a vostro agio nel ruolo di genitori.

Il libro non intende offrirvi suggerimenti su come prendervi cura di vostro figlio. A questo scopo ci sono molti, utilissimi manuali per genitori, e di certo avrete tante persone di buon senso accanto a cui potete chiedere consiglio. Qui troverete invece fotografie e descrizioni dei comportamenti e delle espressioni dei neonati, insieme a informazioni su come si producono e sul loro significato in funzione della crescita e dello sviluppo. Questa guida illustrata vi aiuterà a riconoscere tali comportamenti, anche i più impercettibili e fugaci, in modo che possiate dare al vostro piccolo le risposte che attende e necessita. Se riuscirà a fornirvi la chiave per svelare i misteri del suo comportamento, rendendo così appagante e gioioso il processo di conoscenza in atto, il libro avrà raggiunto il suo scopo.

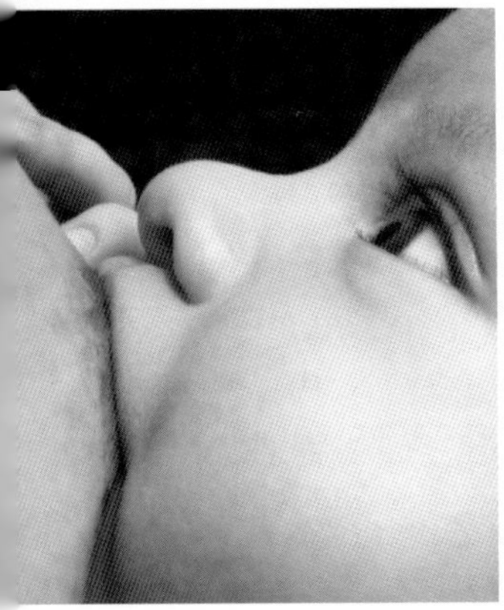
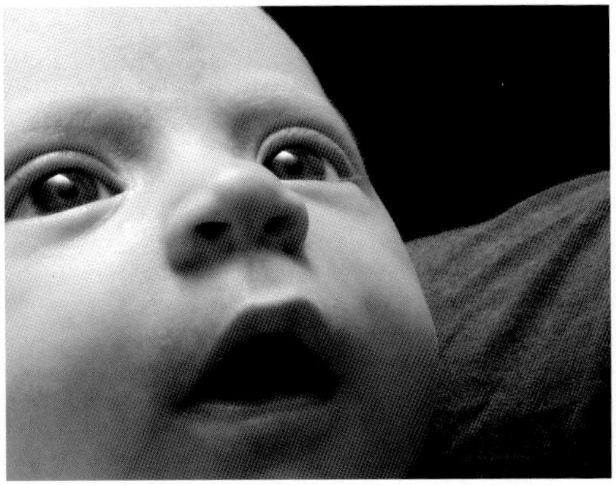
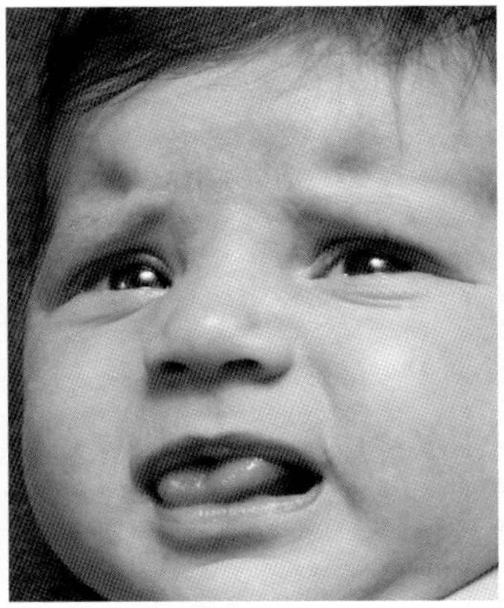

Dormire, piangere, nutrirsi

Il bambino addormentato

I NEONATI SONO PROGETTATI dalla natura per affascinarci. La loro fragilità risveglia in noi un profondo istinto di protezione, assicurando loro la possibilità di sopravvivere e crescere sani.

È l'aspetto stesso del bambino – le guance tonde, i radi capelli morbidi, le minuscole dita perfettamente formate, la pelle liscia, le gambe e le braccia paffute – a catturare la nostra attenzione. Gli occhi grandi e lo sguardo vigile ci seducono con il loro incanto, ma anche quando dorme un neonato è uno spettacolo irresistibile.

Vi sarà capitato di soffermarvi sulla culla a tarda notte in affettuosa contemplazione della vostra bimba addormentata. In quel momento, oltre ad apprezzare la bellezza del suo corpicino perfetto, potete fare un passo indietro e riconoscerla come una persona a tutti gli effetti, un individuo distinto da voi.

Può darsi che quella vista stimoli la vostra fantasia e vi ricordi l'opportunità che avete di darle ciò di cui ha bisogno per crescere e affrontare la vita. O forse, più banalmente, il momento in cui la piccola dorme è l'unica occasione in cui potete dedicarvi agli altri aspetti della vostra vita, sapendo che è tranquilla e non ha bisogno di voi, almeno per un po'. È possibile che osservare un bambino addormentato ci rammenti il dono prezioso del tempo...

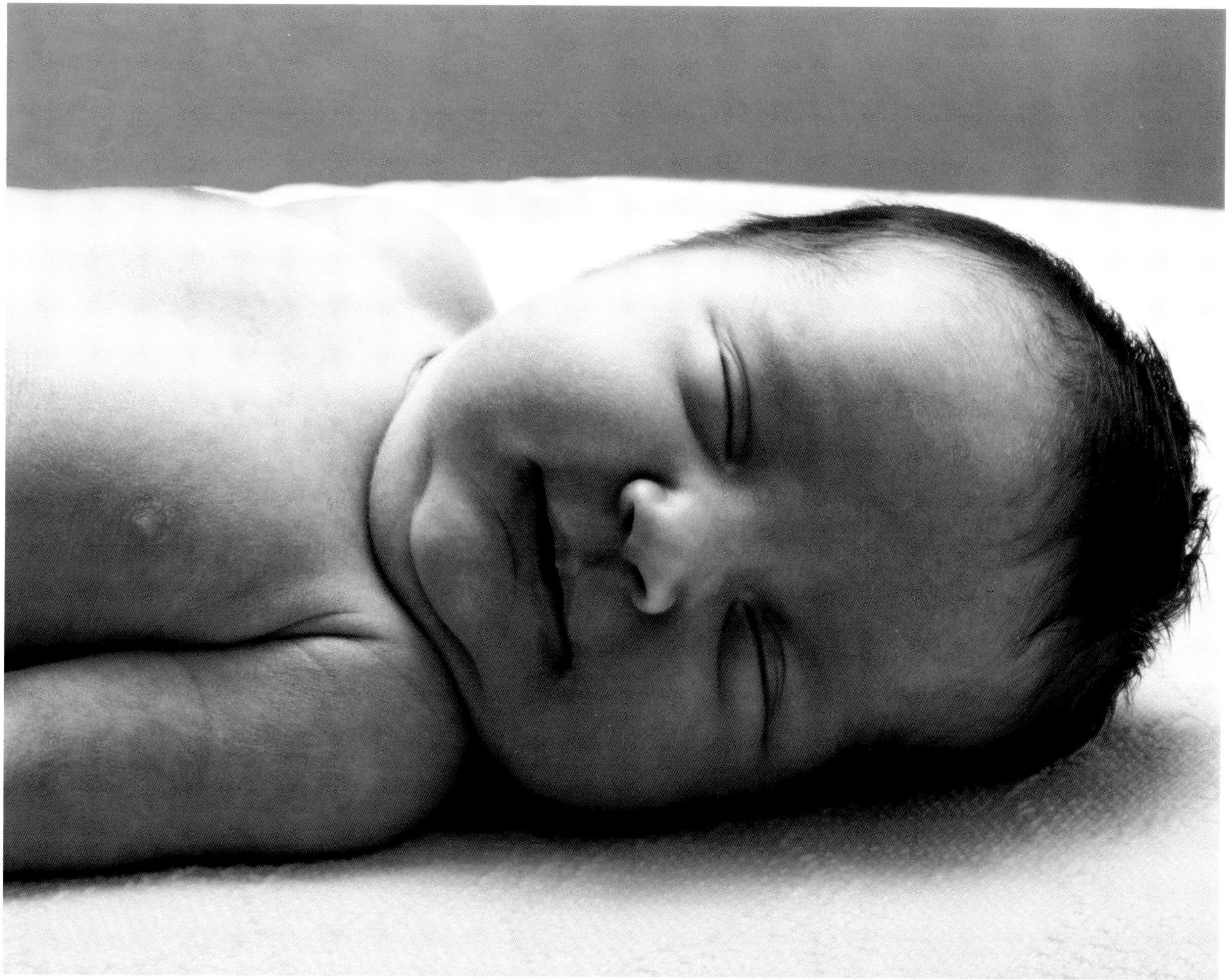

Il sonno profondo

A prima vista, mentre dorme il vostro bimbo sembra non fare nulla, ma nel suo sonno c'è più di quel che appare. I bambini hanno due tipi diversi di sonno, quello profondo e quello leggero, che rivestono ruoli assai differenti nello sviluppo.

Questo neonato è in uno stato di sonno profondo. Il suo viso è rilassato: non c'è una grinza sulle sopracciglia perfette, né il minimo fremito delle palpebre. Il corpo è immobile, se non per il petto che si alza e si abbassa lievemente al ritmo del respiro. Osservando il vostro bambino addormentato, potreste vederlo sussultare all'improvviso e cambiare ritmo respiratorio, per poi tornare immediatamente al sonno profondo. Questa fase, associata a un minor consumo di ossigeno e al rilascio di ormoni della crescita, è ristoratrice e fornisce al piccolo l'energia necessaria per rispondere agli stimoli e nutrirsi con efficacia al risveglio.

La capacità di rimanere addormentato in un ambiente così diverso da quello relativamente tranquillo dell'utero è una conquista straordinaria. Il bambino deve imparare a preservare il sonno di fronte a un mondo di volti, voci, suoni e luci in continuo mutamento. Per riprendersi dal travaglio e dal parto e adattarsi al nuovo mondo, un neonato ha bisogno di dormire dalle sedici alle diciotto ore al giorno, pari a circa il 60-70 per cento del tempo, ma di rado lo fa per più di quattro ore e mezzo consecutive.

Durante il sonno profondo, il piccolo è in grado di isolarsi in modo selettivo dai suoni e dalle luci intense. Questa capacità di ignorare i suoni che non gli «interessano» – forti, improvvisi o ripetitivi – è indice di un'adattabilità straordinaria. Alcuni neonati particolarmente sensibili possono tuttavia avere difficoltà a fronteggiare livelli di stimolazione ambientale elevati: questi bambini, che hanno un basso grado di tolleranza agli stimoli esterni, devono impiegare molta energia per cercare di proteggere il proprio sonno e può accadere che abbiano poca forza per poppare o giocare quando sono svegli. In questo caso, vostro figlio potrebbe aver bisogno di essere fasciato in modo saldo o spostato in una stanza più silenziosa e con la luce soffusa per mantenere a lungo un sonno profondo. Con il tempo, e un po' di aiuto da parte vostra, anche il bambino più sensibile imparerà a gestire il sonno secondo i propri ritmi.

Il sonno leggero

QUESTA FASE VIENE spesso indicata con l'acronimo REM che sta per *rapid eye movement* («movimenti oculari rapidi») poiché è possibile vedere gli occhi del neonato muoversi con rapidità sotto le palpebre delicatamente chiuse. A volte il bambino muove tutto il corpo come se si stirasse, ma presto riprende a dormire con le braccia e le gambe ferme. Se osservate vostro figlio durante il sonno REM, vedrete facilmente la sua espressione cambiare: può aprire la bocca, increspare le labbra come se succhiasse un capezzolo immaginario, arricciare il naso o serrare gli occhi, senza però svegliarsi. A volte potreste perfino scorgere un abbozzo di sorriso.

Prima della nascita, i bambini dormono per la maggior parte del tempo. A mano a mano che il termine si avvicina, però, il ritmo del sonno si fa più regolare: periodi tranquilli senza alcun movimento si alternano a stati più attivi. I neonati trascorrono quasi la metà del sonno nella fase REM che, secondo molti studiosi, stimola il cervello ed è associata all'elaborazione e alla memorizzazione di informazioni. In più, i movimenti oculari tipici di questa fase attivano una sostanza gelatinosa che aiuta a mantenere gli occhi bene ossigenati.

Se registrate il comportamento del vostro bambino nel corso di un giorno e di una notte, noterete la graduale comparsa di un ciclo, con periodi di sonno profondo seguiti da fasi di sonno leggero. Ottenere un ritmo prevedibile di sonno e veglia è il primo passo per acquisire la capacità di dormire tutta la notte, un compito che terrà impegnati sia voi che il bebè nei mesi a venire.

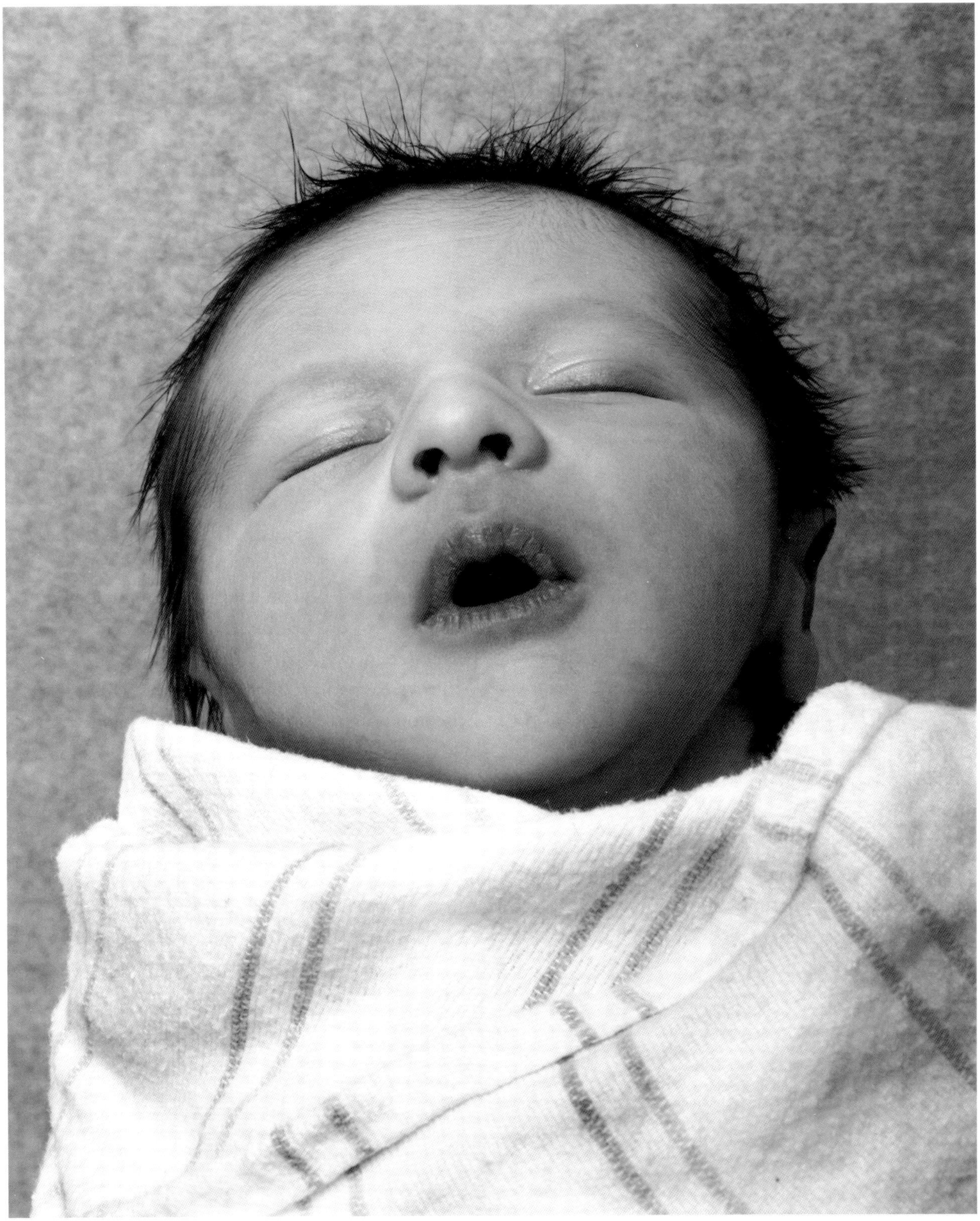

Il pianto intenso

POCHI DI NOI, genitori e no, riescono a rimanere impassibili davanti al pianto convulso di un neonato. Il pianto ci paralizza e più a lungo dura, diventando insistente e acuto, più è facile che l'angoscia del piccolo ci contagi. Il suo viso morbido e rotondo all'improvviso si contrae e diventa paonazzo, i contorni perfetti della bocca sono tirati, la fronte è aggrottata, le gambe e le braccia si agitano in modo incontrollato. Forse vi sorprenderà sapere che il pianto non produce lacrime fino a un mese o due di vita; ma non servono lacrime per capire che, se intenso, è un'esplicita richiesta d'aiuto. In nessun altro momento il bebè appare altrettanto indifeso, bisognoso di un vostro intervento immediato, e voi siete spinti inesorabilmente a prenderlo e a cullarlo, confortandolo tra le braccia.

Piangere è la forma di comunicazione più chiara per un neonato: in questo modo il piccolo ci dice che ha fame, che si sente scomodo, iperstimolato, stanco o sofferente. Alcuni pianti sono facili da interpretare, altri sono più ambigui. Quando conoscerete meglio vostro figlio, vi accorgerete che i suoi pianti variano per intensità, forza, altezza e durata, e perfino «grado di emotività». I pianti che esprimono fame e disagio tendono a cominciare piano per poi diventare forti e ritmici. Quello causato da un dolore ha uno schema caratteristico: inizia con un singolo strillo seguito da un breve silenzio e poi da un pianto intenso e continuo. Talvolta vi possono essere anche momenti d'apnea. Capire perché il vostro bambino piange non è sempre facile; con il tempo però imparerete a riconoscere i diversi tipi di pianto e ciò vi permetterà di consolarlo più facilmente.

Provate a pensare cosa accadrebbe se il vostro bebè non potesse piangere, o se il suo pianto non venisse udito. Per quanto allarmante possa suonare alle vostre orecchie, il pianto è stato creato dalla natura allo scopo di sollecitare un intervento adeguato da parte dei genitori. La vostra risposta all'angoscia del bambino è profondamente consolatoria poiché il fatto che le sue richieste d'aiuto vengano sempre ascoltate gli fa capire che l'ambiente in cui si trova è un luogo sicuro. Questa è una delle strategie principali che consentono al piccolo di acquisire un senso di fiducia in voi e nel suo nuovo mondo.

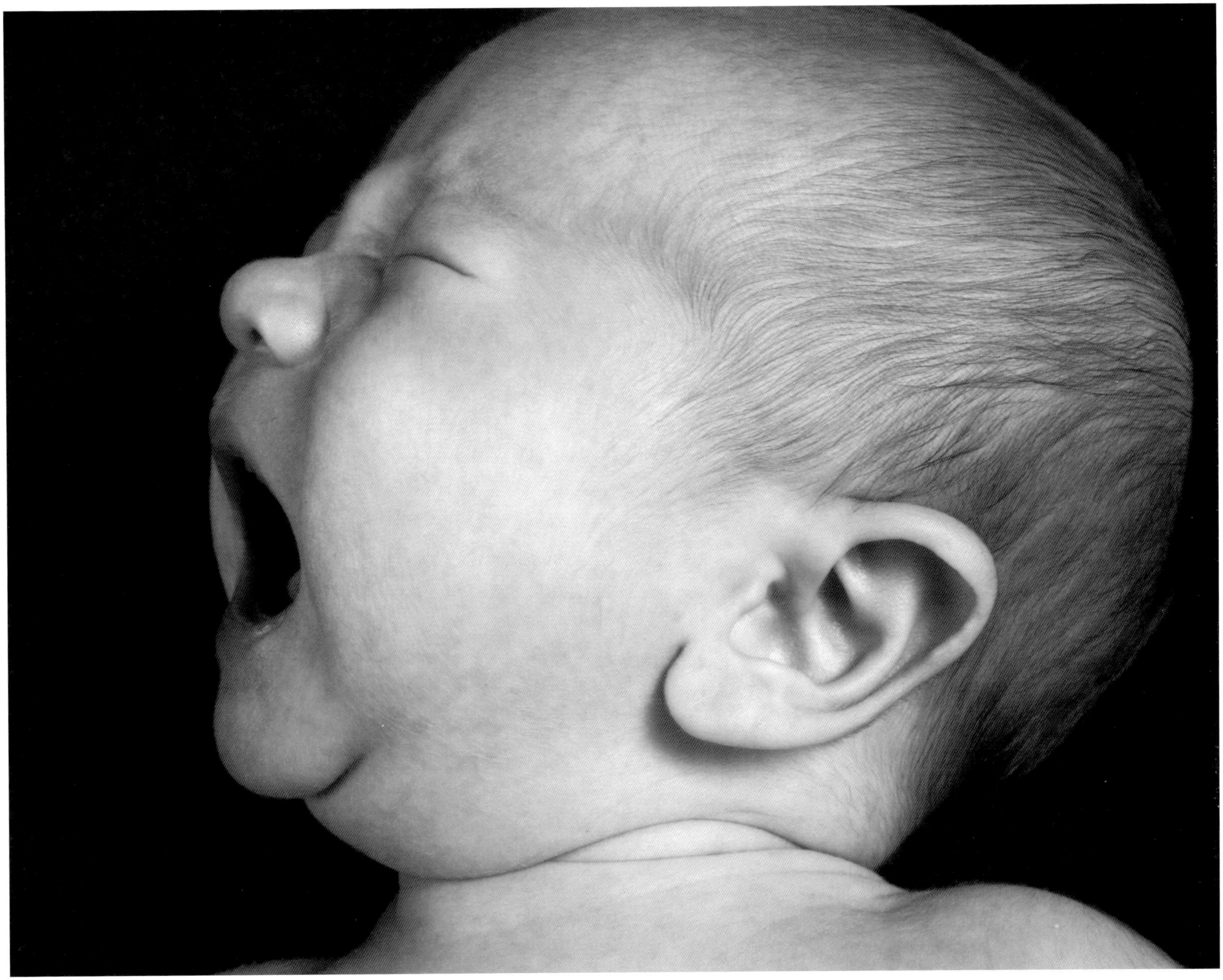

L'irrequietezza

Nelle prime settimane e nei primi mesi di vita tutti i neonati sono irrequieti e piangono, per quanto i genitori si dimostrino costanti e pronti nel consolarli. Benché i bambini abbiano modi diversi di piangere, sembra esservi un picco intorno alle sei settimane di vita, seguito da una graduale diminuzione verso i quattro mesi. In questi primi tempi il vostro bebè potrebbe piangere di più nel tardo pomeriggio e la sera, anche se i neonati che tendono a piangere e agitarsi molto lo fanno durante tutto l'arco della giornata.

L'irrequietezza è una forma meno acuta di pianto, che non prevede la tipica espressione del viso con la bocca spalancata né la tensione del corpo che accompagnano il pianto intenso. Anche se l'irrequietezza può essere caratterizzata da un aumento dell'attività (le estremità interne delle sopracciglia sollevate, la fronte corrugata, la lingua sporgente dalla bocca aperta), né i suoni emessi dal bebè né la sua espressione comunicano l'urgenza del pianto intenso. Inoltre, tale stato dura in genere meno di un accesso di pianto.

Pur non avendo un effetto dirompente, l'irrequietezza riesce comunque ad attirare l'attenzione, ed è proprio questo lo scopo. Una volta raggiunta la fase del pianto intenso, il neonato è ormai in preda all'angoscia e diventa molto più difficile calmarlo. Iniziando prima a muoversi di tanto in tanto e poi ad agitarsi, il piccolo vuole segnalarvi di essere sull'orlo di una crisi che potrebbe diventare violenta. Imparando a riconoscere i suoi primi segnali di stress, sarete in grado di rispondere subito, offrendogli il sostegno di cui ha bisogno.

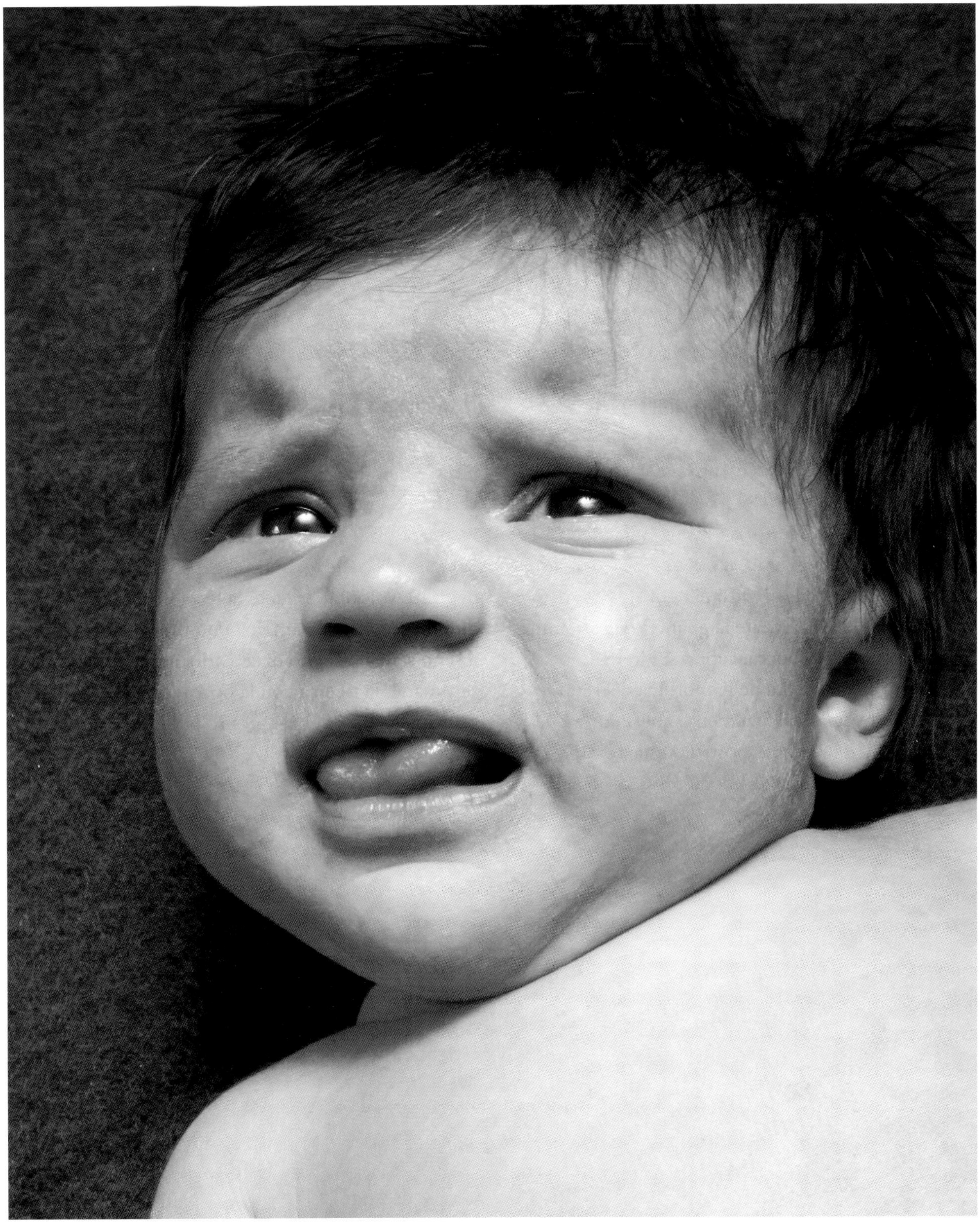

Il riflesso di ricerca

L'AREA ALL'INTERNO e intorno alla bocca del neonato è estremamente sensibile al tatto. Tale sensibilità comincia a manifestarsi circa otto settimane dopo il concepimento e si estende gradualmente dalla testa ai piedi. La bocca è la prima parte del corpo a esserne interessata.

Nel periodo neonatale, la bocca della vostra piccola è più sensibile al tatto di ogni altra parte del corpo: se le accarezzate la guancia o le sfiorate la zona intorno alla bocca, subito si girerà e comincerà a cercare. La pelle morbida del seno materno provoca assai facilmente questa reazione automatica. La bambina sposta la testa avanti e indietro, apre e arriccia la bocca, protende le labbra e muove la lingua, con gesti che appaiono del tutto intenzionali. Solo quando riesce ad attaccarsi al capezzolo e comincia a poppare, interrompe la ricerca: è soddisfatta, chiaramente è questo che voleva fin dal principio.

In molte lingue, tale comportamento viene chiamato «riflesso di ricerca» del seno. In inglese è *search response*, in spagnolo *reflejo de búsqueda* e in francese *réflexe de recherche*. Tutte le culture riconoscono che si tratta di un raffinato strumento che consente al neonato di localizzare la propria fonte di cibo e dunque di sopravvivere.

Il riflesso di ricerca può indicare che la vostra piccola ha fame o anche, più semplicemente, che la sua guancia è venuta in contatto con il seno inducendola a voltarsi in quella direzione. Dopo alcune settimane, quando si consolida la capacità di girare volontariamente la testa, il riflesso diminuisce; ora la bambina può muoversi verso il seno senza bisogno di cercarlo. Ma nelle prime settimane, la ricerca con la bocca è il segnale principale che il bebè è pronto per essere allattato.

L'allattamento

Se il feto ingerisce liquido amniotico ogni volta che compie movimenti di suzione, il neonato deve affrontare una sfida nuova e impegnativa prima di essere in grado di poppare con efficacia. Il riflesso di suzione ha un ruolo chiave in questo compito, sia nell'allattamento al seno che in quello artificiale. Il bambino deve imparare ad attaccarsi al capezzolo e a combinare la suzione con il respiro in modo fluido, senza staccarsi per respirare.

Alcuni neonati vi riescono più facilmente di altri ma, per far sì che l'allattamento sia un'esperienza gratificante sia per voi che per il vostro bebè, dovreste in primo luogo accertarvi che il piccolo sia tranquillo ma vigile. Trovate una posizione comoda per lui e cercate di cogliere i suoi segnali, evitando tentativi prolungati se si dimostra stanco o stressato.

Benché la poppata sia un momento appagante per la maggior parte dei neonati, alcuni hanno un riflesso di suzione meno maturo che può portarli a inarcare la schiena e ad avere conati o difficoltà di deglutizione. Inoltre, molte mamme provano fastidio e dolore mentre allattano, e ciò può provocare sofferenza e frustrazione.

Per quanto la maggior parte di queste difficoltà possa essere superata con la pazienza e la perseveranza, l'aiuto di un consulente professionale o di un gruppo di mamme può essere decisivo per la madre e per il bebè.

Se la poppata al seno è un momento di perfetto appagamento per il neonato, lo è anche per la madre che allatta. Il bambino, succhiando, stimola le terminazioni nervose della mammella che inviano un messaggio all'ipofisi, una ghiandola situata nel cervello la quale secerne l'ormone dell'ossitocina, che a sua volta segnala alla mammella di secernere il latte. L'alto livello di ossitocina induce anche sentimenti amorevoli nei confronti del bambino. Se il neonato si è attaccato con successo al seno, ogni sillaba ritmica del suo linguaggio corporeo, come potrete constatare, vi dice che tutti i suoi bisogni sono stati soddisfatti: il bisogno primario di nutrimento, il bisogno di sentirsi al sicuro, il bisogno di essere tenuto in braccio e toccato, il bisogno di incontrare il vostro sguardo: tutte queste esigenze ricevono una risposta nel momento sublime dell'allattamento.

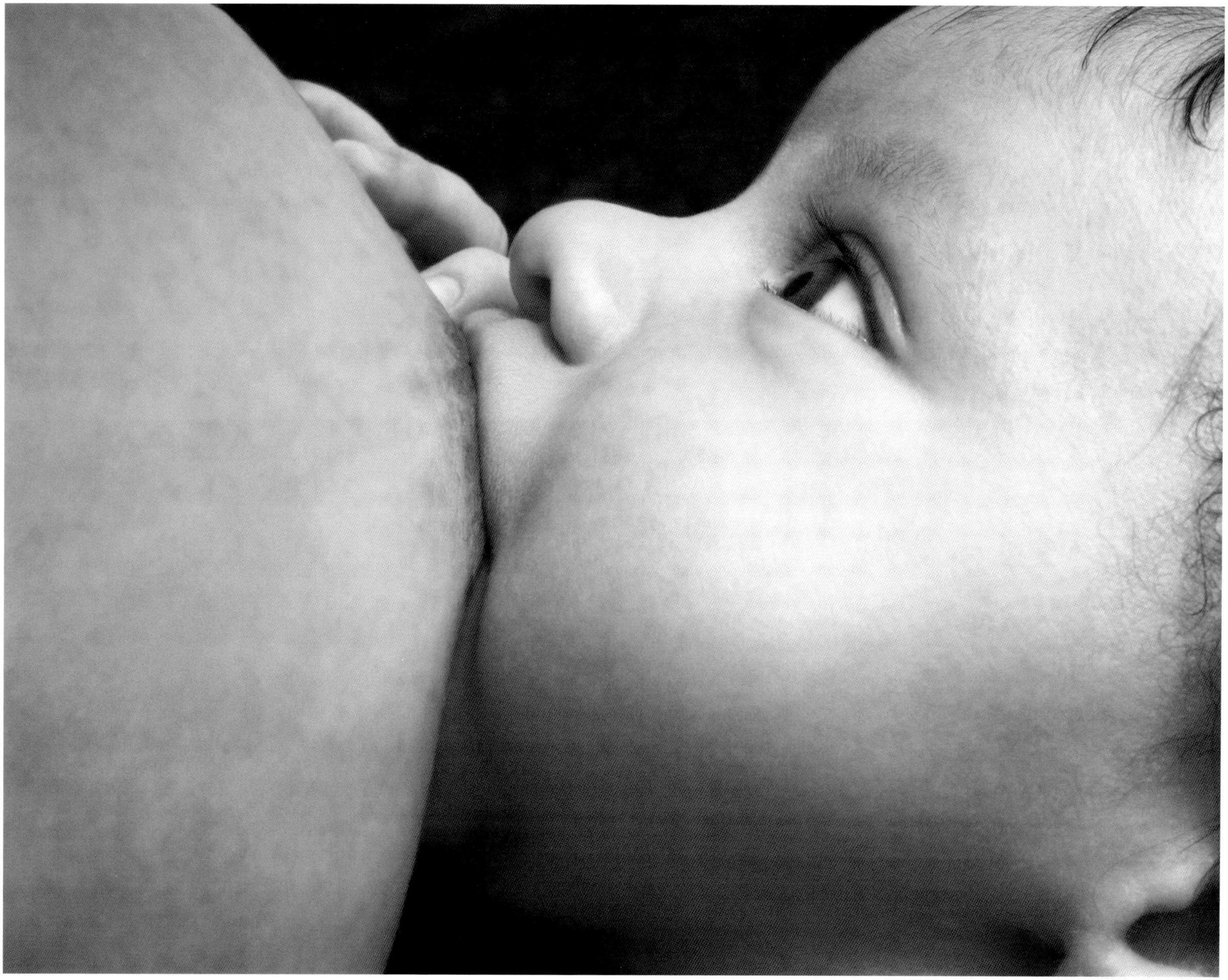

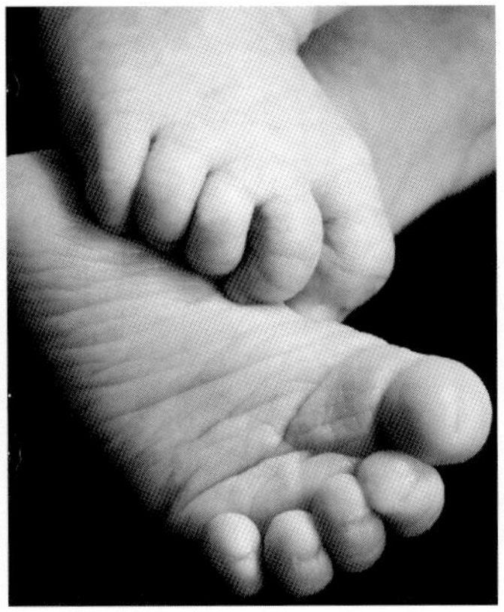
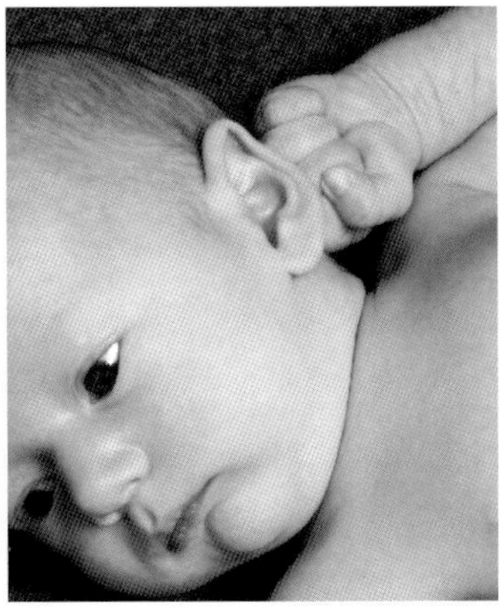

Il neonato sorprendente

Il riflesso dello schermidore

Avete notato che il vostro bebè, quando è supino, sembra privilegiare sempre un lato? I neonati per lo più tendono a stare sdraiati con la testa girata da una parte (generalmente la destra) e le braccia in una postura caratteristica, talora definita «riflesso dello schermidore» per la somiglianza con la posizione iniziale della scherma. Da qualunque parte sia voltata la testa del vostro piccolo, il braccio corrispondente sarà allungato mentre l'altro sarà piegato all'altezza del gomito. Tale preferenza posturale sembra essere un proseguimento della posizione prediletta dal bambino nell'utero ed è già abbastanza consolidata al momento della nascita.

La capacità di mantenere tale postura dà al neonato la stabilità e il controllo necessari per mettere a fuoco e rivolgere la propria attenzione all'ambiente. Il riflesso dello schermidore fa sì che la mano del braccio disteso si trovi all'interno del campo visivo del piccolo, dandogli così il senso della distanza e permettendogli di avere spesso una percezione visiva chiara di essa.
È possibile che tale postura favorisca anche i suoi futuri tentativi di toccare gli oggetti e contribuisca a determinare quale sarà la sua mano preferita, quella che userà per scrivere.

Vostro figlio potrebbe assumere questa postura anche per fronteggiare una situazione che lo turba. Il riflesso dello schermidore gli permette infatti di individuare la propria mano, consentendogli di portarla alla bocca e succhiarla per tranquillizzarsi. Il ricorso spontaneo a questa posizione è uno strumento autorganizzativo e autoconsolatorio prezioso, che permette al bebè di calmarsi e, una volta superato il disagio, di cominciare a studiare l'ambiente circostante.

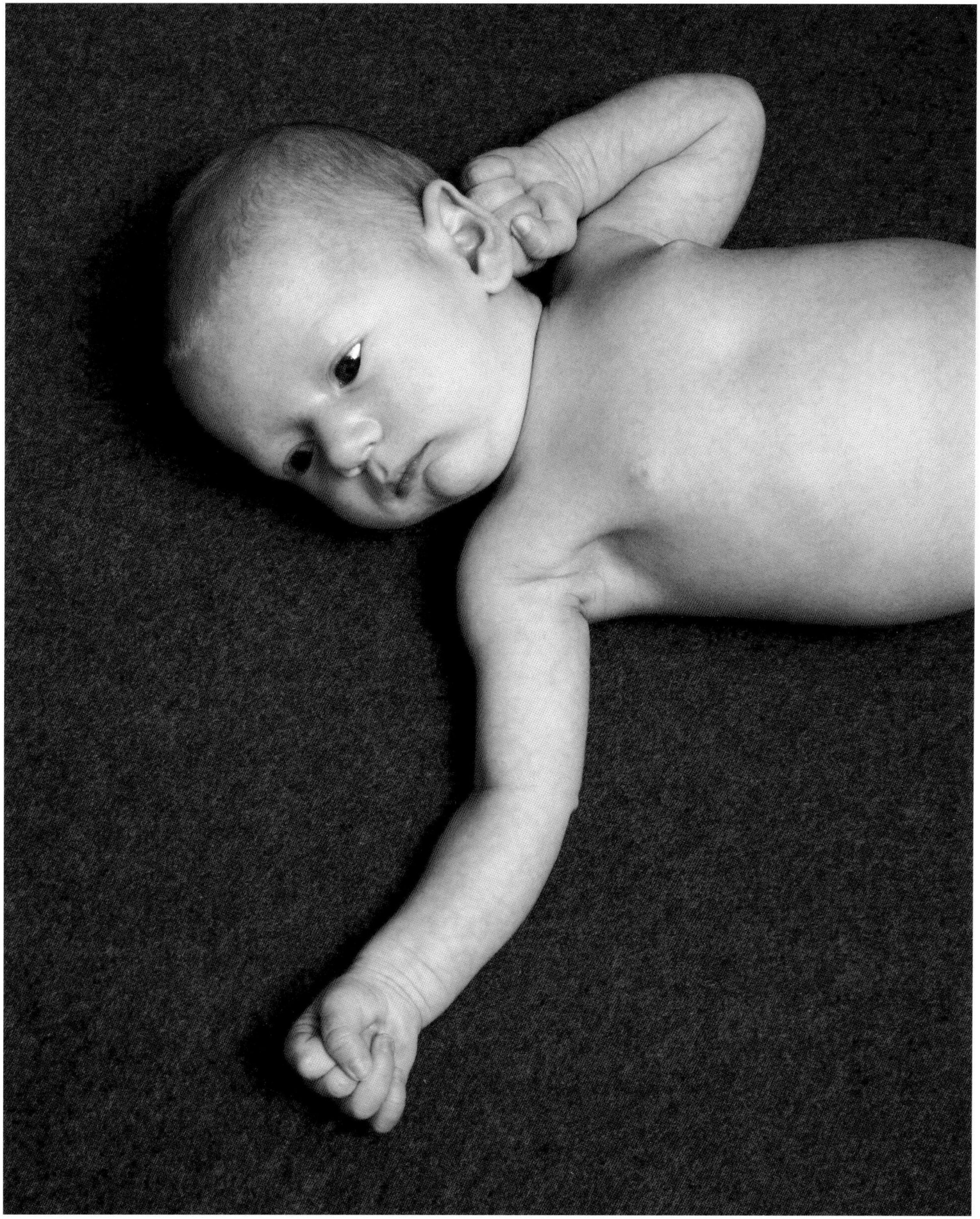

La mano in bocca

A prima vista, i movimenti delle mani del bebè possono sembrarvi casuali e privi di scopo, denotando scarso controllo, ma guardandoli più attentamente vi accorgerete che non si tratta di gesti fortuiti o involontari. In realtà i neonati sanno adoperare le mani in un modo che appare intenzionale.

Questa intenzionalità si evidenzia in particolare nella notevole abilità del neonato di portarsi la mano o il pugno alla bocca, anche quando non ha fame. Nel farlo i suoi movimenti non saranno forse agili e aggraziati, ma non potrete non rimanere colpiti dalla sua perseveranza e dalla gratificazione che sembra provare quando riesce a mettersi la mano o le dita in bocca.

Ancor più straordinario è il fatto che il piccolo sia capace di portarsi la mano alla bocca quando è agitato, di solito dopo una lunga serie di prove ed errori compiuti nel tentativo di coordinare la mano con i movimenti della testa e della bocca. Quando finalmente riesce a infilarsela in bocca comincia a succhiarla e ciò spesso lo aiuta a calmarsi. Tale comportamento viene definito «suzione non nutritiva» e, come la poppata, segue un andamento ritmico che alterna suzioni e pause. Ora il bebè è in grado di rimanere vigile e di esaminare l'ambiente. Con questa azione, semplice ma importante, vostro figlio vi dimostra tutta la sua abilità, oltre che l'insopprimibile desiderio di esplorare il suo nuovo mondo che prova sin dai primi giorni di vita. Fortunatamente, alla nascita era già preparato per questo compito: il neonato non è un novellino.

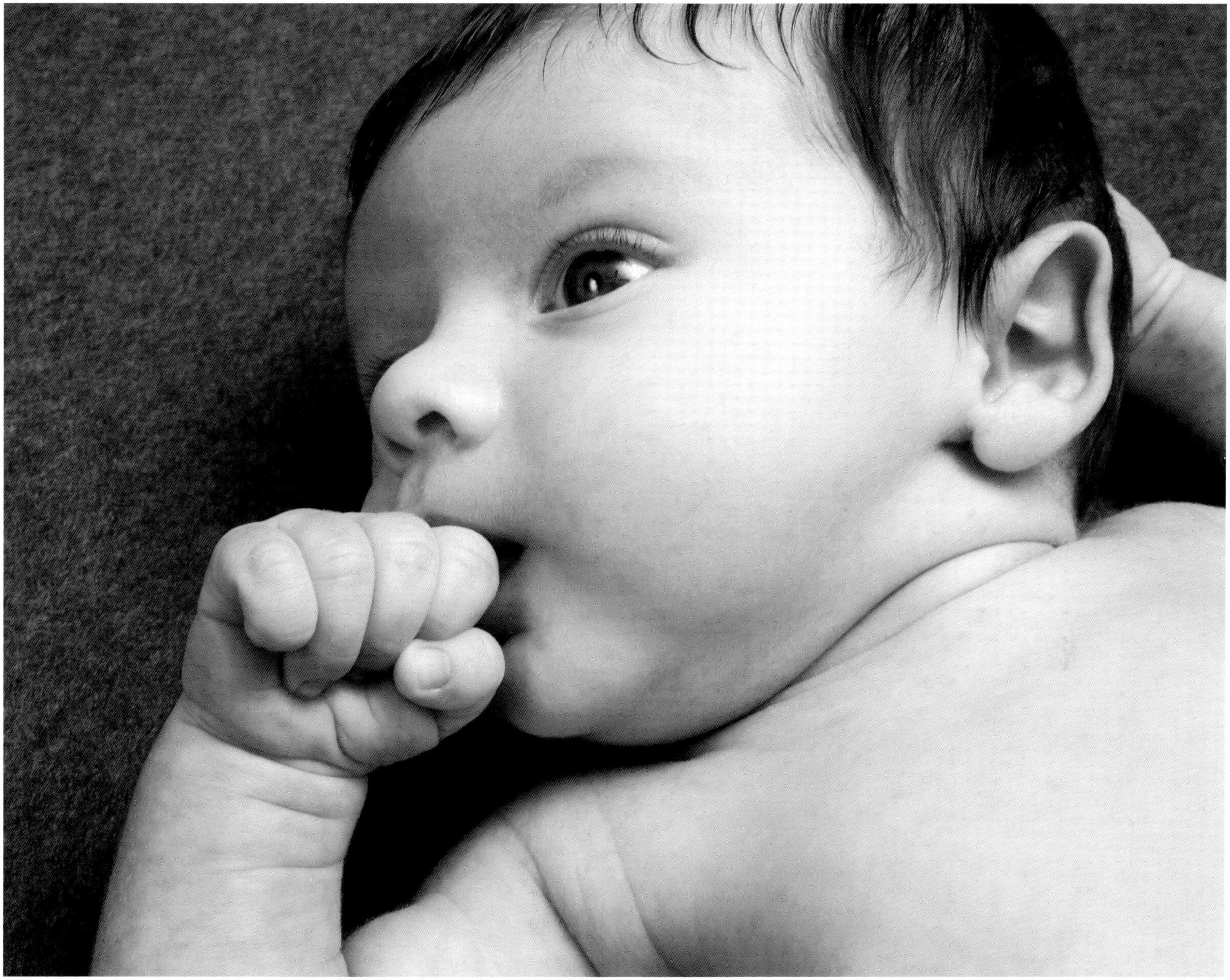

Il sorriso nel sonno

All'inizio molti neonati sorridono solo mentre dormono. Questi accenni di sorriso, in cui l'angolo della bocca si piega all'insù e la gota si solleva leggermente, si osservano specialmente durante la fase REM e vengono chiamati «sorrisi involontari», poiché in genere non sono provocati da una causa esterna ma hanno origine all'interno del bambino.

Ma allora perché questa neonata di un giorno sorride? Sappiamo che non può trattarsi di un sorriso sociale, poiché quest'ultimo coinvolge i muscoli intorno agli occhi e compare solo quando il bambino è sveglio e interagisce con voi. Alcuni ipotizzano che questi primi sorrisi siano causati da lievi moti intestinali, e siano dunque privi di significato emotivo... Ma è difficile credere che tali deliziose espressioni non comunichino una sensazione di piacere e appagamento.

È possibile che questa bambina stia sognando? Forse. Sappiamo che gli adulti sognano durante il sonno attivo, o REM, e che per i neonati questa fase occupa circa il 50 per cento delle loro ore di sonno, quasi il doppio rispetto agli adulti. Dunque, se scorgete un sorriso sul volto della vostra bambina addormentata, può darsi che stia «vedendo» delle immagini, forse persino il vostro viso, ma la realtà è che non lo sappiamo.

A volte noterete che il sorriso nel sonno compare come reazione alla vostra voce o a un rumore sommesso, o anche al breve tintinnio di un orologio o di un campanello, in genere una decina di secondi dopo il suono. Questi rumori possono portare il livello di eccitazione del bambino oltre una certa soglia, e il sorriso è indice del rilassamento che ne segue.

Perciò, anche se i primi, fugaci sorrisi nel sonno non sono veri e propri sorrisi sociali, la vostra bambina vi sta dicendo che è contenta, felice di fare ciò che sta facendo, e che non vuole essere disturbata. Il fenomeno tende a diminuire dopo le prime settimane di vita, quando prendono il sopravvento i sorrisi sociali, in cui la bocca è spalancata e gli occhietti sono vispi. Forse, per il momento, questa piccola si sta solo esercitando.

I primi passi

I GENITORI DI SOLITO sono stupiti, se non addirittura sconvolti, dal fatto che il neonato si dimostri capace di fare qualche passetto, benché ovviamente siano consapevoli del fatto che non sta camminando *davvero*. Se tenete il bebè in posizione verticale e leggermente inclinata in avanti, con le gambe che sorreggono parte del peso, e lo muovete dolcemente in avanti, comincerà a fare dei passi alternati ritmicamente. Tale comportamento scompare dalle sei alle otto settimane dopo la nascita, probabilmente perché il rapido aumento del peso corporeo unito alla relativa debolezza muscolare gli rende difficile mantenere il corpo in posizione eretta. Nei mesi successivi, se lo tenete diritto e immerso in parte in acqua calda, in modo che il galleggiamento lo aiuti a sollevare le gambe, lo vedrete di nuovo compiere qualche passo alternato. Il riflesso di marcia ricompare più avanti nel primo anno di vita, quando il bambino comincia a camminare in modo autonomo.

Ci stupiamo del riflesso di marcia automatica del neonato poiché sappiamo che il bambino è schiavo della gravità e non sarà in grado di camminare autonomamente per molti mesi dopo la nascita. Forse questo comportamento ci affascina tanto perché vi scorgiamo un'anticipazione del futuro. D'un tratto riusciamo a immaginare come sarà un giorno il nostro bambino: indipendente, ritto sulle gambe, in grado di camminare e con il mondo ai suoi piedi. Il precoce riflesso di marcia è dunque una prova della natura costante e progressiva dello sviluppo. Nei prossimi dodici mesi il vostro bambino passerà da una condizione di dipendenza fisica quasi completa a uno stato di locomozione indipendente, raggiungendo uno sviluppo motorio simile a quello di un adulto. In questo viaggio avrete il privilegio di svolgere un ruolo fondamentale, incoraggiando, sostenendo e puntellando ogni fase dei suoi progressi.

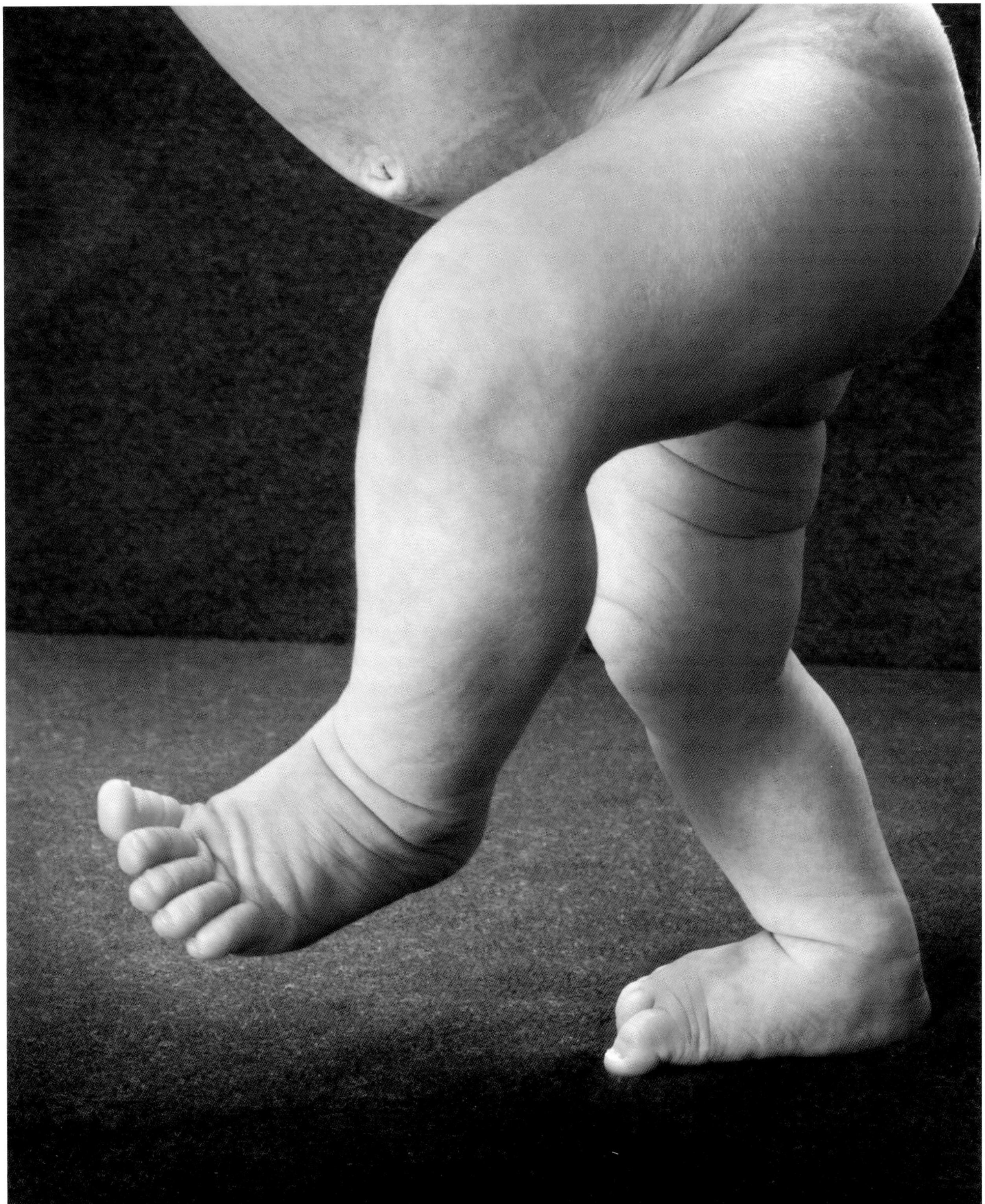

Le mani

Benché la parte del corpo più sensibile dei neonati sia la bocca, anche le mani hanno una buona sensibilità al tatto. Se appoggiate il dito sul palmo del vostro bambino, la sua reazione automatica sarà di stringerlo. La presa può essere meno forte nei primi giorni di vita ed è assente durante il sonno profondo ma, se il piccolo è in fase di sonno leggero, la sentirete come quando è sveglio e vigile. Abbiamo visto che i neonati usano le mani in modi che ci appaiono quasi intenzionali e sappiamo che la loro stretta non è del tutto automatica o involontaria, tanto che nelle prime settimane potreste notare che il bebè è in grado anche di esaminare gli oggetti con le mani e la bocca, tastandoli e stringendoli per apprendere di più sulla loro forma e consistenza.

La capacità del bebè di stringervi il dito può avere un ruolo importante nel mantenere il contatto fisico con lui durante la poppata, o anche quando lo tenete in braccio e lo coccolate. Vi accorgerete fin da subito della forza della sua stretta e potrete lasciare che vi stringa il dito mentre lo allattate o tenderglielo perché lo afferri quando giocate. Vedrete che questo gesto è anche un modo per calmarlo e rassicurarlo, o per limitare i suoi movimenti accidentali quando non riesce a controllarli.

A due mesi di vita vostro figlio terrà la mano aperta per la maggior parte del tempo, e verso i tre mesi il riflesso di prensione sarà rimpiazzato dalla stretta attiva e volontaria. A questa età il piccolo probabilmente giungerà le mani, afferrerà la coperta o si attaccherà a una sbarra del lettino. Tenergli le mani entrerà allora a far parte delle interazioni, ora più attive, che avrete durante il gioco e l'allattamento, e che sono al centro del vostro rapporto.

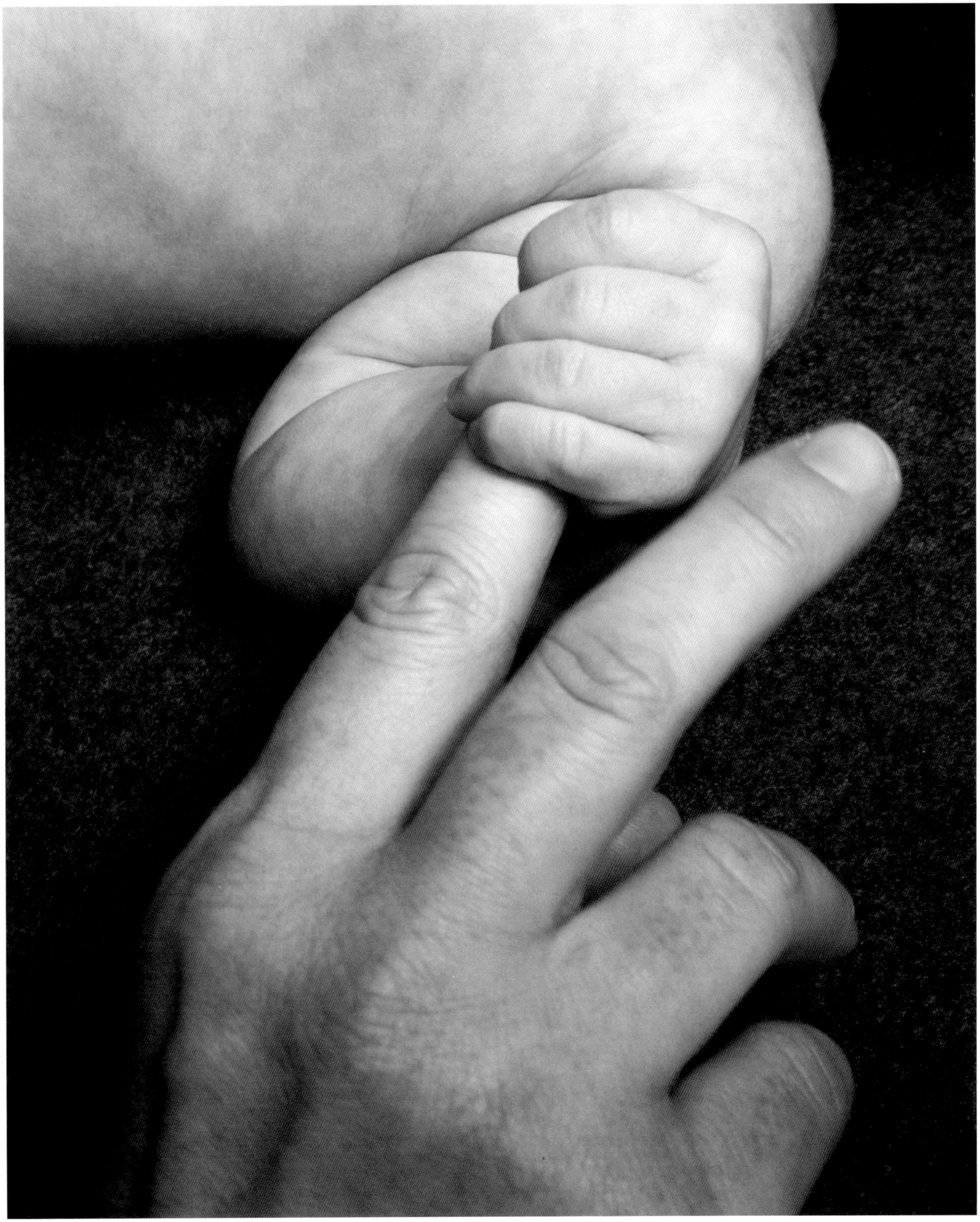

Primi tentativi di afferrare

I primi movimenti del bebè sembrano spesso scoordinati e a scatti. Ciò è senz'altro vero quando è agitato e piange, ma se è tranquillo e vigile i suoi movimenti tendono a essere sciolti e a seguire un andamento o un ritmo. È probabile, per esempio, che il bambino cominci a muovere le braccia e le gambe per poi rallentare e fermarsi, e ripeta magari la sequenza qualche minuto dopo. Benché il neonato sia privo del controllo necessario per allungare la mano verso un oggetto con un movimento fluido, anche in questo primo stadio si intuisce la sua capacità di adottare un comportamento motorio organizzato.

Ci vorrà qualche mese prima che il vostro bebè sia in grado di coordinare gli occhi e le mani quanto basta per raggiungere un giocattolo e afferrarlo, ma anche all'inizio, quando fissa silenziosamente un oggetto, è possibile che tenda il braccio in quella direzione cercando di toccarlo. Il piccolo potrebbe, per esempio, allungare la mano verso il vostro viso muovendosi al ritmo della vostra voce, o toccarvi il seno durante la poppata coordinando il movimento con la suzione. Solo verso i quattro mesi però comincerà ad afferrare, cioè a tendere la mano volontariamente verso gli oggetti con gesti più fluidi, raggiungendo l'obiettivo desiderato.

Tutto ciò che fa il vostro bambino, però, ha un senso e anche i primissimi movimenti della mano e del braccio possono essere consapevoli: in questi casi l'intenzione è evidente, come quando tende il braccio per toccarvi il viso con la manina aperta.

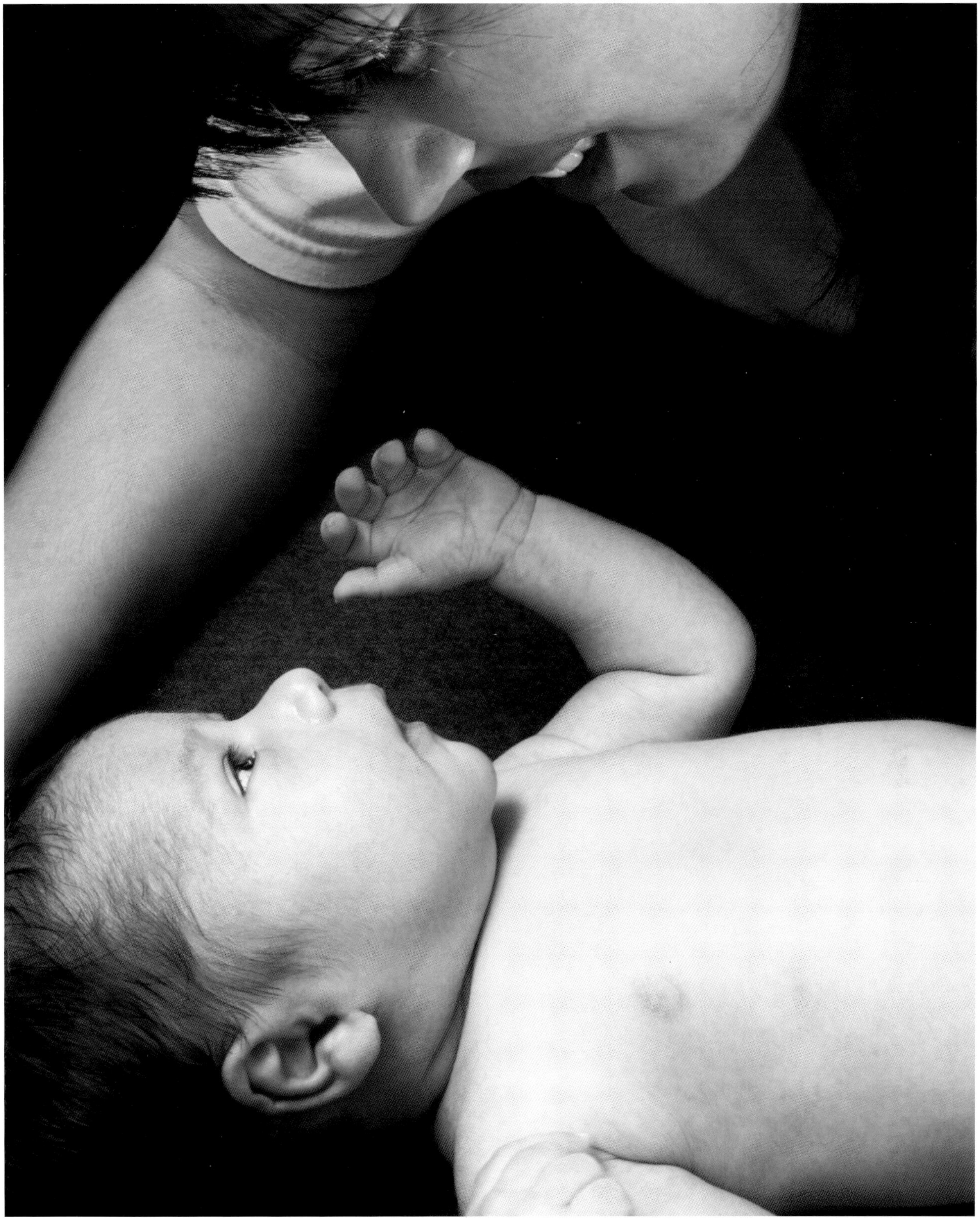

Il sorriso di scoperta

IN TUTTE LE culture i neonati cominciano a sorridere tra le sei e le otto settimane; a quest'età persino i bambini nati ciechi sorridono quando si parla loro o li si tocca. Ma a un certo punto, tra la prima settimana di vita e la terza o la quarta, è possibile che un bebè inizi a sorridere da sveglio. Questi primi sorrisi (spesso chiamati «sorrisi semplici») non hanno lo stesso valore dei sorrisi sociali, ma sono comunque segni autentici di risveglio e riconoscimento.

I neonati sembrano avere un interesse particolare per i volti, perciò è probabile che il vostro bambino faccia i suoi primi sorrisi da sveglio mentre vi guarda. In questi momenti, il piccolo ha gli occhi spalancati e la bocca aperta con gli angoli tirati indietro in un'espressione immediatamente riconoscibile. Generalmente i primi sorrisi semplici sono inseriti all'interno di una sequenza: il bambino vi guarda in faccia e aggrotta la fronte, fissandovi; poi la fronte si distende e compare il sorriso, come se in quel momento vi riconoscesse. Per quanto meno prolungato di quello sociale, il sorriso semplice costituisce comunque una spontanea espressione di scoperta e divertimento.

Che cosa significano i primi sorrisi del bebè? Probabilmente sono il risultato della tensione che il piccolo prova mentre cerca di interpretare ciò che vede. In questa fase, infatti, comincia a creare un modello del vostro viso nella propria corteccia cerebrale in formazione e cerca di associare il volto che ha davanti a sé al modello interno, ancora vago. Questo compito gli richiede uno sforzo, ma l'associazione riuscita del viso al modello provoca un allentamento della tensione, quindi un rilassamento e infine quel sorriso fugace, che pare proprio un segnale di riconoscimento: «*Sei* proprio tu. *Ora* riconosco questa faccia, questa espressione». Per lui è un momento prezioso di apprendimento; il suo sorriso esprime piacere e soddisfazione, e il fatto che il mezzo di questa esperienza sia il vostro volto la rende particolarmente intensa per entrambi.

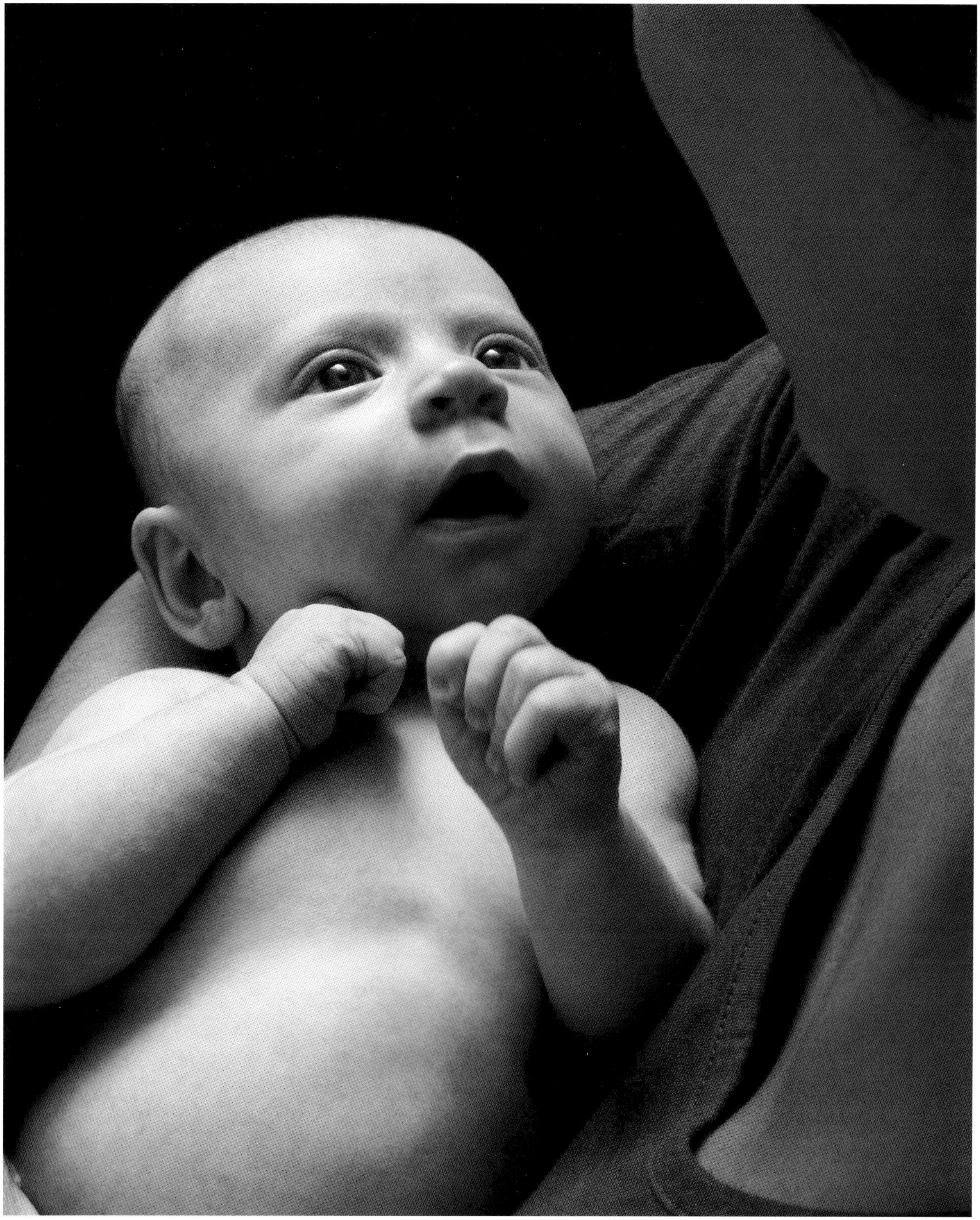

Il gattonamento

Finché non avrà nove o dieci mesi, il vostro bambino non sarà pronto a gattonare. Prima deve acquisire il controllo della testa e delle spalle, poi delle braccia, e infine ha bisogno di irrobustire i muscoli delle gambe in modo da poter gattonare e in seguito camminare. Non può esservi un vero gattonamento volontario finché le aree motorie del cervello non maturano e ossa, articolazioni e legamenti non sono abbastanza robusti da sostenere e spingere attivamente il piccolo. Tuttavia i neonati vengono alla luce con un «riflesso di gattonamento» che stimola il movimento delle braccia e delle gambe, e grazie all'attività nell'utero anche il vostro bebè ha già cominciato a rafforzare i muscoli e ad affinare la motricità. Alcuni ricercatori ritengono che questo riflesso aiuti il bambino durante il travaglio, perché gli dà la possibilità di partecipare attivamente al processo della nascita usando le gambe per spingere. Non a caso, quando viene appoggiato sulla pancia della mamma subito dopo il parto, a volte cerca di strisciare fino al seno per cominciare a poppare. Se lo mettete a pancia in giù, probabilmente inizierà a piegare le braccia e le gambe sollevando la testa e facendo leva sulle ginocchia per spingersi in avanti. Questa reazione gli consente anche di liberare le vie aeree e di inspirare ed espirare senza impedimenti, proteggendolo dall'asfissia quando si trova a pancia in giù. La pratica oggi assai diffusa di far dormire i neonati supini è giustificata dai dati che dimostrano che tale posizione riduce l'incidenza della «sindrome della morte improvvisa del lattante» o SIDS (dall'inglese *Sudden infant death syndrome*). Ma pur essendo la più sicura per i neonati durante il sonno, questa posizione tende a limitare i loro movimenti: i bimbi hanno bisogno anche di stare a pancia in giù, in modo da irrobustire braccia e gambe. Perciò, quando il piccolo è sveglio e siete presenti, giratelo sulla pancia così che possa esercitare le sue abilità motorie. Già nella fase iniziale dello sviluppo dovrete imparare a mantenere questo delicato equilibrio, garantendo la sicurezza del piccolo senza togliergli la libertà di conoscere il nuovo ambiente e sentirsi abile e padrone di sé. Mettendolo a dormire sulla schiena e permettendogli di stare a pancia in giù quando è sveglio e in vostra compagnia, soddisferete sia la sua esigenza di sicurezza sia il suo bisogno di esplorare.

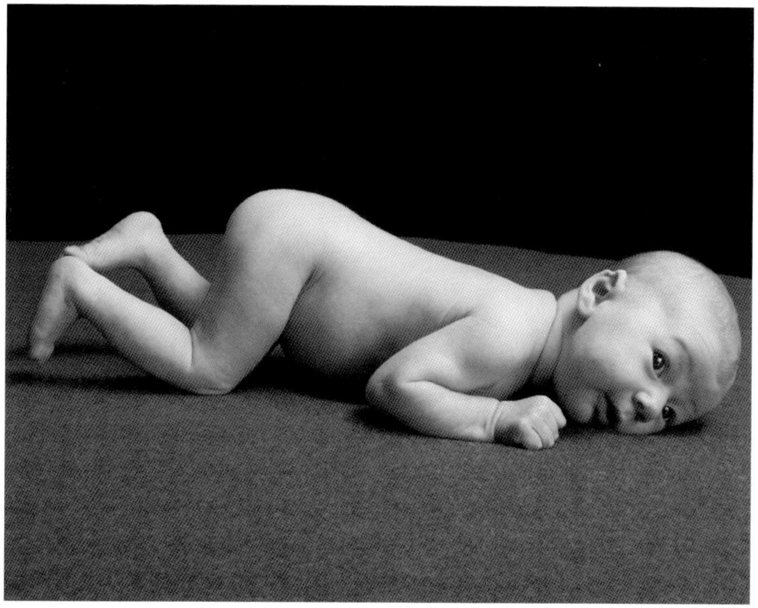

I piedi

Quando guardate il vostro bebè, è probabile che gli osserviate il viso e la parte superiore del corpo in cerca di segni di felicità o di angoscia. Ma un attento esame delle gambe e dei piedi può essere altrettanto rivelatore.

Se gli appoggiate il pollice sulla pianta del piede, subito sotto l'alluce, vedrete che le dita dei piedi si piegano in un movimento prensile, proprio come quelle delle mani si stringono automaticamente intorno al vostro dito quando glielo appoggiate sul palmo. Questo movimento prensile sembra essere provocato talvolta anche dal contatto con l'altro piede.

A prima vista può sembrarvi che il bambino tenga i piedi incrociati per caso, ma non si tratta di una posizione fortuita, momentanea; al contrario, i neonati spesso la mantengono a lungo. La frequenza con cui il bambino tiene i piedi allacciati è un altro straordinario esempio della sua capacità di controllare il proprio comportamento: questa posizione gli consente di impedire i movimenti accidentali delle gambe, e ciò lo aiuta a rimanere rilassato. È uno dei tanti comportamenti autorganizzativi che potete osservare quando il piccolo cerca di perfezionare il controllo motorio, nelle prime settimane e nei primi mesi di vita. I piedi incrociati sono un segnale assai rassicurante che il vostro bebè si sente a suo agio ed è in grado di controllare il proprio comportamento.

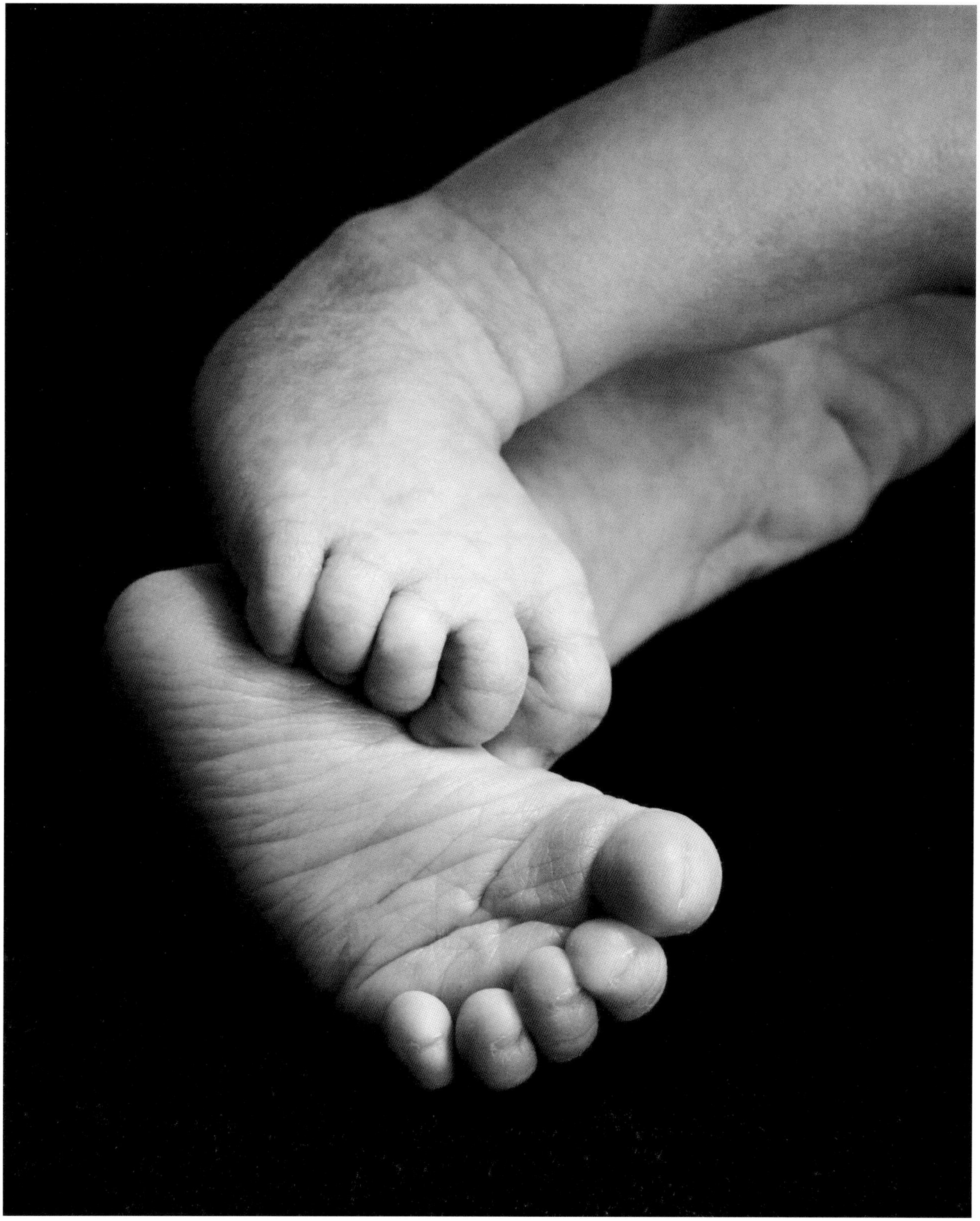

Gli sbadigli

Il feto si stira e sbadiglia nell'utero fin dalla dodicesima settimana di gravidanza. Che cosa fa sbadigliare i neonati? E perché questa piccolina lo fa? Come succede a tutti noi, forse sbadiglia per rimanere cosciente e non addormentarsi. Il suo corpicino ha bisogno di molto ossigeno, e gli sbadigli ne forniscono una dose aggiuntiva ai polmoni. In seguito allo sbadiglio, sui minuscoli alveoli polmonari si distribuisce una sostanza gelatinosa, detta «tensioattivo» o «surfattante» polmonare, che li ricopre aiutandoli a rimanere aperti. I neonati hanno bisogno di una quantità adeguata di questa sostanza per respirare e sopravvivere al di fuori dell'utero: gli sbadigli si rivelano quindi essenziali per la sopravvivenza.

Nel caso di questa neonata, vi è anche un significato più sottile. Lo sbadiglio si è manifestato durante una «conversazione» tra la madre e la bambina. La piccola non è annoiata o insonnolita: sbadigliare è il suo modo non verbale di esprimere che, per quanto gradisca l'interazione con la mamma, a questo punto la cosa si è fatta troppo impegnativa e vuole chiederle un «time out». Quando voi e il vostro bambino vi guardate negli occhi, quando «vi parlate», può capitare che il piccolo sbadigli. Dal momento che lo sbadiglio è associato a uno stiramento dei muscoli e delle articolazioni e a un aumento della frequenza cardiaca, il suo corpo vi sta dicendo che ha bisogno di una pausa per recuperare energia prima di continuare a giocare. Spalancando la bocca e abbassando le palpebre, non può più guardarvi negli occhi né voi potete vedere i suoi. Questo distogliere lo sguardo indica che sta cercando di assumere il controllo della situazione e dettare il ritmo dell'interazione.

I momenti di «dialogo» sono fonte di grande piacere per entrambi, ma guardarvi negli occhi e scambiare sguardi è un lavoro impegnativo per il cervello in via di sviluppo del vostro bebè, ed è per questo che adotta strategie di comunicazione non verbale come lo sbadiglio per segnalarvi che talvolta ha bisogno di sottrarsi all'intensità dell'interazione. Imparando a cogliere questi segnali e a rispondere in modo adeguato, conoscerete meglio il vostro bambino e il legame che vi unisce potrà continuare a crescere e ad approfondirsi.

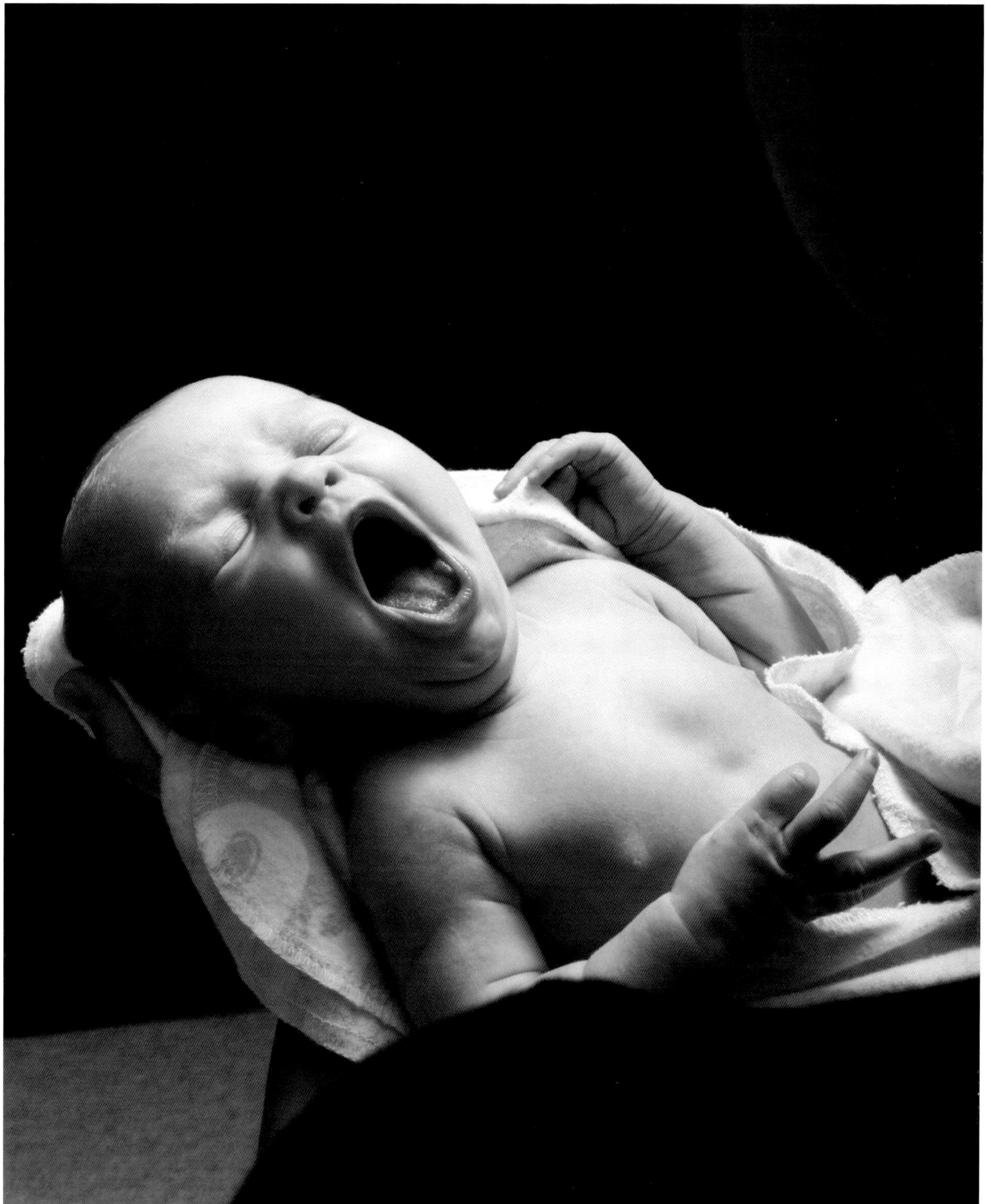

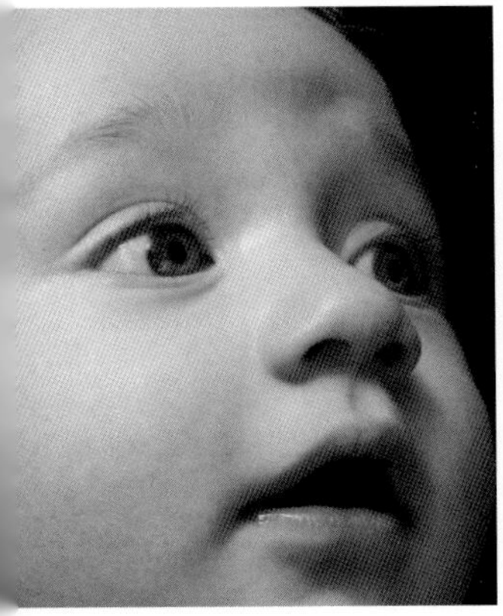
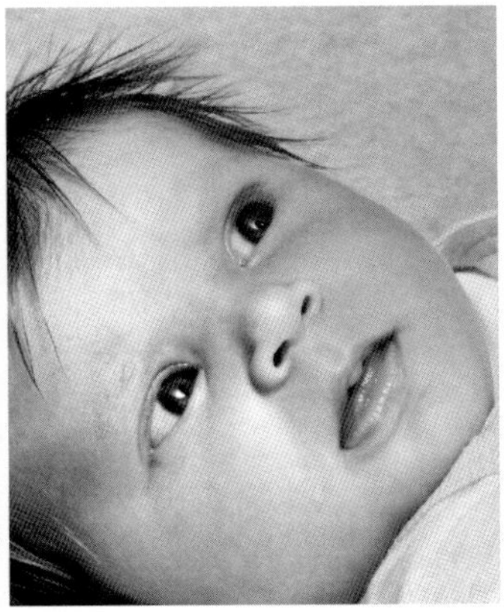

I sensi del neonato

La reazione ai suoni

FINO A NON molto tempo fa, anche in certi ambienti medici si credeva che il liquido amniotico presente nelle orecchie del neonato gli impedisse di udire, almeno nei primi giorni di vita. Ma le mamme, che ne sapevano di più, sostenevano che i loro bambini non solo potessero sentire i suoni, ma fossero pure in grado di riconoscere la voce materna sin dalla nascita. Oggi sappiamo che le mamme avevano ragione. In realtà, le strutture neurali alla base dell'udito si formano già durante la gravidanza, e alla fine del primo trimestre la capacità del bambino di distinguere l'intero campo delle frequenze è quasi completamente acquisita. Non solo, ma tutte le principali caratteristiche anatomiche all'interno della coclea, che determinano la reazione dell'orecchio alle diverse frequenze, sono essenzialmente analoghe a quelle degli adulti già alla nascita.

Fin dai primissimi giorni vedrete il vostro bebè reagire ai suoni del suo nuovo mondo. Al dolce tintinnare di un sonaglio il piccolo potrebbe bloccarsi e con gli occhi scintillanti di curiosità cercare ostinatamente la fonte del suono. Gli potrete leggere nello sguardo il piacere della scoperta.

Il neonato sembra programmato per esplorare i suoni dell'ambiente fin dal principio. La sua innata curiosità lo spinge a impegnarsi, e la capacità già acquisita di udire i suoni a bassa frequenza lo aiuta a raggiungere l'obiettivo.

Ancor più stupefacente dell'abilità di girarsi verso un suono e localizzarlo è la sua capacità di percepire un rumore ritmico. Forse perché assicura ripetizione e continuità, il ritmo offre un'atmosfera acustica rassicurante per il neonato. Può essere questo il motivo per cui vostro figlio è confortato dal suono distensivo di una ninna nanna e dal ritmo dolce e familiare della vostra voce. Insieme alla vista e al tatto, l'udito è uno dei suoi principali canali di apprendimento: attraverso di esso conoscerà il linguaggio e la musica, aspetti essenziali per il suo sviluppo intellettuale ed emotivo, non solo ora ma per tutta la vita.

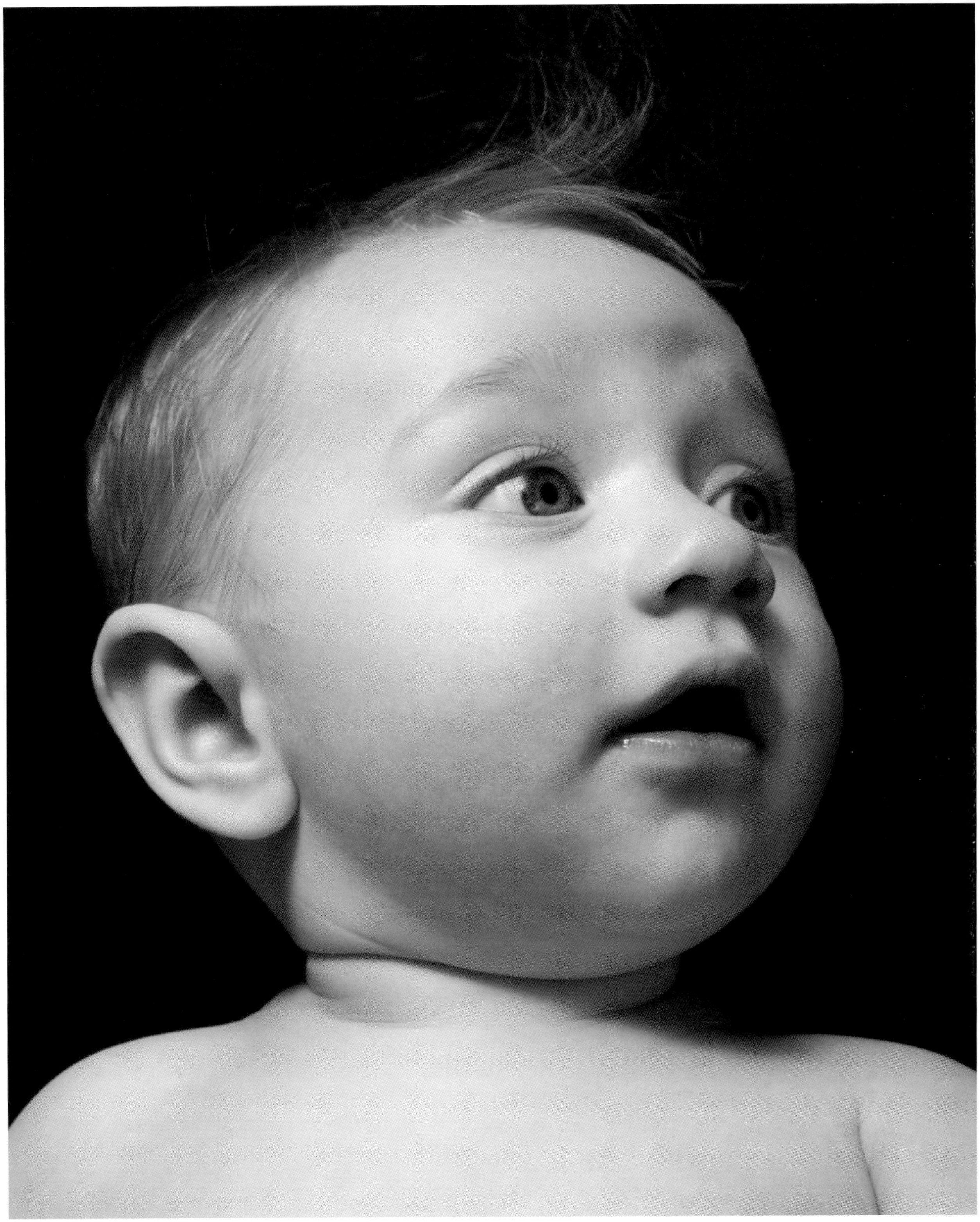

L'esplorazione visiva

In un'epoca non molto lontana si credeva che i neonati fossero ciechi o distinguessero solo ombre confuse. Oggi sappiamo invece che lo sviluppo visivo comincia nella quarta settimana di vita embrionale, quando iniziano a formarsi gli occhi. Questo significa che, pur non avendo l'acutezza visiva di un adulto, la vostra piccola vede bene a distanza ravvicinata, dove avviene quasi tutto ciò che le interessa: riesce a mettere a fuoco gli oggetti posti di fronte a lei a 30-45 centimetri di distanza.

Pur prediligendo i volti rispetto agli oggetti, i neonati riescono a vedere motivi in bianco e nero e a colori che non siano troppo piccoli e abbiano forti contrasti. E anche se con ogni probabilità la loro visione dei colori non è ricca di sfumature come quella degli adulti, sanno distinguere un oggetto rosso da uno verde anche quando questi hanno la medesima brillantezza. La vostra bambina preferirà i colori vivaci alle tenui tinte pastello e verso i due mesi di età sarà in grado di focalizzare immagini nitide sulla retina.

Questa neonata di un giorno sta guardando un oggetto che non ha mai visto prima: una palla color rosso vivo. Le sopracciglia leggermente sollevate e la bocca chiusa sono segnali di attenzione e concentrazione visiva prolungate. Sembra proprio che la stia studiando! Quando la palla si muove, comincia a seguirla guardandola intensamente; il respiro rallenta e la frequenza cardiaca diminuisce indicando un'emozione positiva, caratteristiche, queste, di uno stato di grande attenzione.
La piccola continua a seguire la palla finché non perde interesse per il gioco, e solo allora distoglie lo sguardo. Ma nel primo giorno di vita ha già imparato una cosa nuova e, di conseguenza, la sua struttura cerebrale è cambiata per sempre.

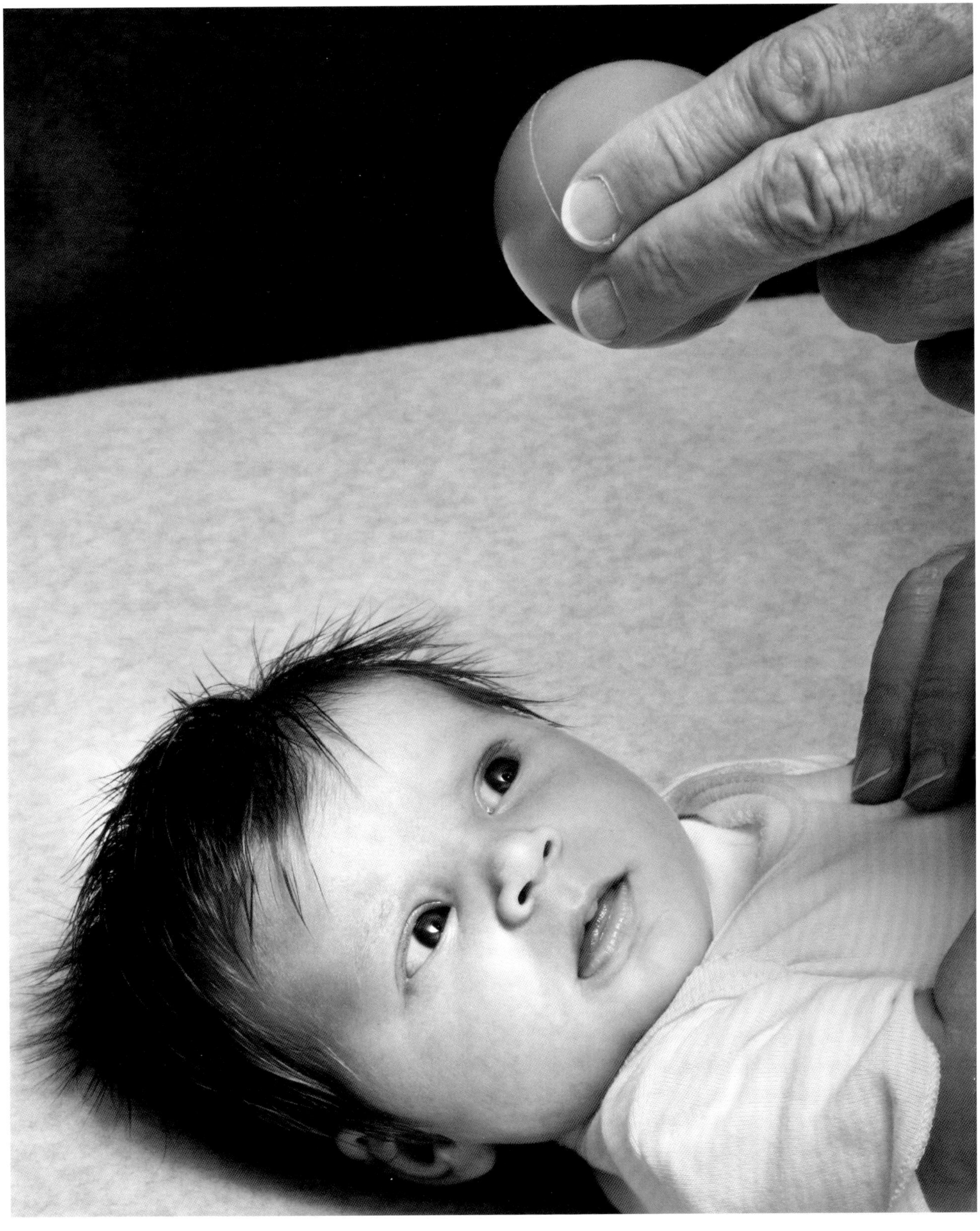

Il tatto

IL NEONATO CONOSCE il suo nuovo mondo attraverso gli occhi, le orecchie, il naso, le papille gustative e il tatto, che alla nascita è il senso più sviluppato. Questo non dovrebbe stupirci, dal momento che abbiamo già visto come il tatto sia il primo senso a fare la sua comparsa nel feto, tanto che la corteccia sensoriale è l'area più sviluppata del cervello alla nascita.

Forse proprio per questo un massaggio a base di delicate carezze su tutto il corpo, come si è scoperto, migliora l'organizzazione del sonno del neonato, abbassa il livello di cortisolo (il principale ormone dello stress) e aiuta il bambino a crescere di peso. Il contatto pelle a pelle, talora chiamato «metodo canguro», agevola la regolazione della temperatura corporea nei neonati prematuri, stimola l'aumento di peso complessivo e favorisce un'interazione positiva tra la mamma e il bambino.

Essendo sensibili al tatto, i neonati lo sono anche al dolore, specialmente a quello avvertito tramite la pelle. Le vie nervose del dolore sono già presenti nel feto circa ventisei settimane dopo il concepimento. In passato si credeva che i neonati non provassero vero dolore, ma se avete osservato la reazione del vostro bambino alla puntura sul tallone fattagli in occasione di un prelievo di sangue, se ne avete visto la smorfia e udito il pianto acuto, sapete con quanta energia i neonati reagiscano al dolore. Se prendete in braccio vostro figlio e lo accarezzate, lo fasciate, lo appoggiate al seno consolandolo o parlandogli, avrete la possibilità di ridurne la percezione dolorosa e persino modificarne la sensibilità complessiva al male.

Il contatto fisico ha un ruolo fondamentale nell'evoluzione del vostro rapporto con il bebè, poiché in tal modo siete in grado di trasmettergli amore, empatia e senso di sicurezza. Prendetelo in braccio e coccolatelo, cullatelo per addormentarlo, accarezzatelo per alleviarne il disagio: tutti questi gesti consolatori basati sul contatto hanno effetti positivi, se non addirittura essenziali, sul suo sviluppo fisico ed emotivo.

Le coccole

Durante la gravidanza, tutti i genitori fantasticano su come sarà il loro bambino e su come si comporterà. Il figlio idealizzato nel corso di quei nove mesi ha occhi grandi, fossette sulle guance, il corpo liscio e sodo, la pelle simile a seta: preso in braccio, il bimbo immaginario si adagia subito nel grembo morbido della mamma o del papà.

Molti neonati, e forse il vostro è uno di questi, si rilassano tra le braccia dei genitori fin dal momento in cui vengono al mondo, come se la natura li predisponesse a essere coccoloni. Davanti a un bimbo simile, i genitori provano una tenerezza profonda: è difficile resistere al desiderio di toccare ed esplorare il suo piccolo corpo, e questo non fa che accrescere la sua reazione positiva alle coccole.

Sia nella mamma che nel papà, toccare il proprio figlio e stringerlo a sé stimola nel sistema endocrino la secrezione di ossitocina, sostanza che alimenta i sentimenti di tenerezza facendo sì che i genitori si rilassino in lunghe coccole. Il contatto fisico avvia un circolo che si potenzia da sé: l'aumento di ossitocina porta a intensificare il contatto, e ciò a sua volta causa il rilascio di altra ossitocina. Forse proprio a causa di questo sistema di feedback tra il genitore e il bambino, l'ossitocina è detta «l'ormone dell'amore» o «dei legami affettivi».

Il neonato refrattario alle coccole

Non tutti i neonati sono coccoloni. I loro corpicini, per natura rigidi e ipersensibili al tatto, a volte sembrano respingere i genitori che vorrebbero abbracciarli. Anziché adagiarsi nel grembo morbido della mamma o del papà, quando vengono presi in braccio o semplicemente toccati questi bambini oppongono resistenza, come se rifiutassero i genitori. O almeno, tale è l'impressione degli adulti.

Per molte mamme e papà il sogno di avere un bambino che si stringe istintivamente a loro potrebbe non realizzarsi, o non realizzarsi nel modo in cui se l'erano figurato. È un'esperienza mortificante per qualsiasi neogenitore poiché ognuno, quando è in attesa di un figlio, immagina che la sua creaturina indifesa risponda positivamente alle carezze fin dalla nascita. I genitori potrebbero giungere alla conclusione che il loro bimbo li stia letteralmente respingendo, o addirittura che non li ami affatto.

Se vostro figlio si comporta così, vi rassicurerà sapere che gran parte dei neonati non sono coccoloni. Probabilmente è solo un aspetto del carattere del piccolo e nulla prova che sia un segnale di rifiuto. Il suo stile comportamentale non ha alcuna attinenza con i sentimenti che prova per voi, né è il risultato del modo in cui vi prendete cura di lui. Inoltre, è importante ricordare che un neonato refrattario alle coccole apprenderà e crescerà altrettanto bene di uno coccolone.

Perciò, se la vostra bambina appena nata non si stringe spontaneamente a voi, se ha il corpo rigido nonostante tutte le vostre coccole, dovete semplicemente accettarla per quello che è. Con l'andare del tempo potrebbe cambiare o anche rimanere così, ma vi risponderà in altri modi, altrettanto certi e gratificanti, per esempio, mostrando che le piace stare dritta e guardare oltre la vostra spalla per esplorare con gli occhi l'ambiente. A poco a poco riuscirete a trovare modi per condividere il contatto fisico più adatti alla sua indole: la cosa importante è che dovrete abbandonare la bambina idealizzata dei vostri sogni e accettare e apprezzare vostra figlia nella sua meravigliosa unicità.

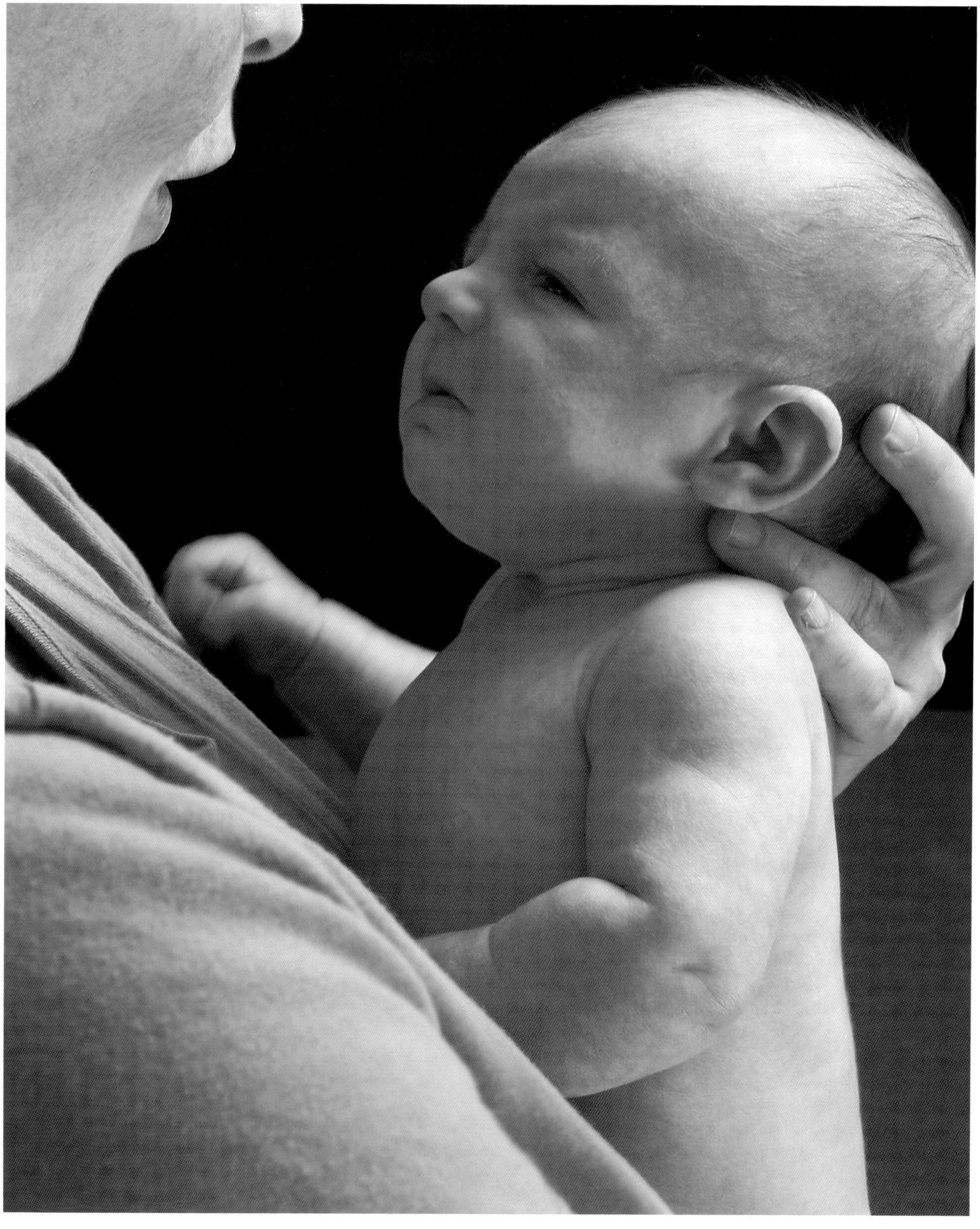

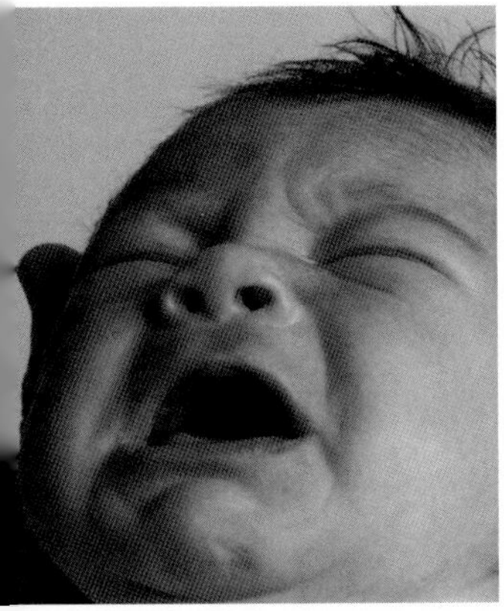
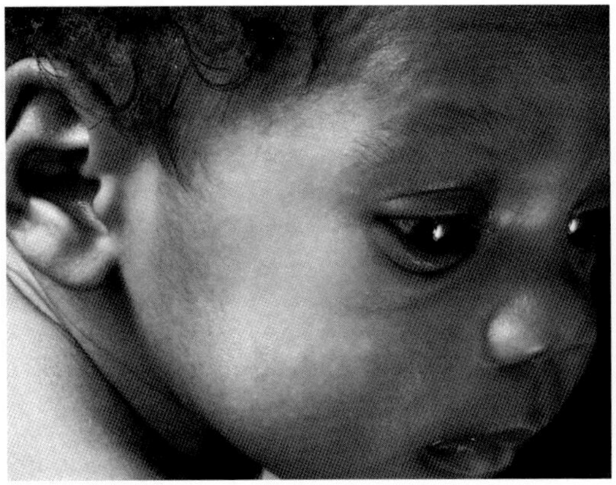
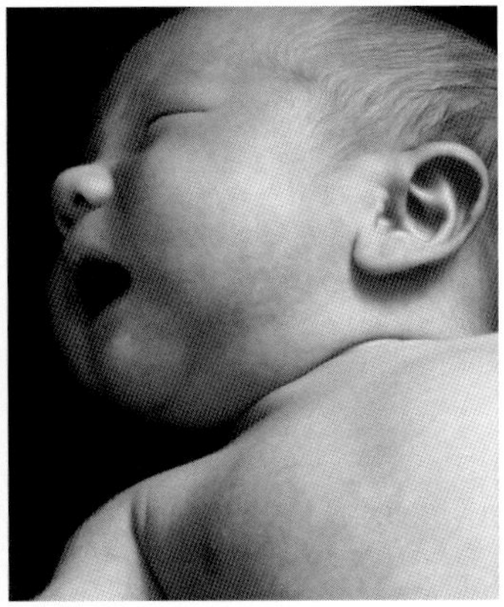

Ambientarsi

I trasalimenti

Tutti i neonati hanno trasalimenti improvvisi, ma i neogenitori si allarmano quando assistono a una reazione così violenta del loro piccino: il bambino spalanca improvvisamente le braccia, inarca la schiena, irrigidisce gli arti, apre le dita e assume un'espressione di panico, come se si sentisse mancare il sostegno e avesse l'impressione di cadere, e tentasse affannosamente di proteggersi afferrando qualcosa con le mani aperte.

Il riflesso di trasalimento si manifesta anche nelle prime fasi della gravidanza, quando il feto reagisce ai rumori forti con un movimento improvviso che coinvolge tutto il corpo, mentre nell'ultimo trimestre la reazione può essere scatenata, per esempio, da un brusco cambiamento di posizione della mamma sul letto. Secondo alcune teorie, i sobbalzi sarebbero così frequenti nei neonati poiché il bambino è abituato all'ambiente ovattato e protetto del fluido amniotico.

Sembra che i trasalimenti si verifichino quando i sensi del neonato ricevono un eccesso di informazioni: un lampo di luce intensa, un rumore violento, un tocco improvviso o qualsiasi altro stimolo inaspettato scuota l'equilibrio del piccolo, come cambiargli posizione o girarlo di colpo, possono attivare questo riflesso. Probabilmente dovrete assistere molte volte al fenomeno poiché i rumori forti e le sorprese sono inevitabili in ogni casa. Tuttavia, alcuni neonati più sensibili di altri possono trasalire con maggiore facilità: se vostro figlio è uno di questi, è meglio evitare luoghi rumorosi o molto illuminati e altre esperienze che potrebbero turbare il suo equilibrio.

Per quanto stressante possa apparire, il trasalimento è indice di maturità del sistema nervoso centrale, e dunque di buona salute e benessere. Inoltre, si tratta di un trauma di breve durata: il piccolo smette subito di piangere, allenta la tensione nelle braccia e assume di nuovo la posizione dello schermidore che vediamo qui accanto. Ora è del tutto rilassato.

Ciò nonostante, i neonati – specialmente quelli con una bassa soglia di tolleranza – amano essere coccolati e rassicurati dopo un trasalimento forte. Come scoprirete, il momentaneo senso di panico che vi coglierà la prima volta che vedrete vostro figlio trasalire sarà seguito da un sospiro di sollievo, una volta che il bambino vi avrà dimostrato di non essere fragile come temevate.

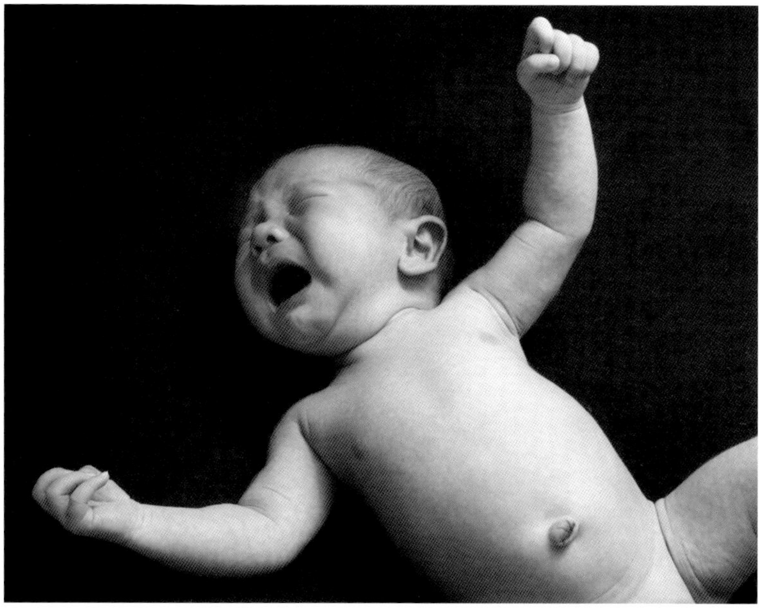
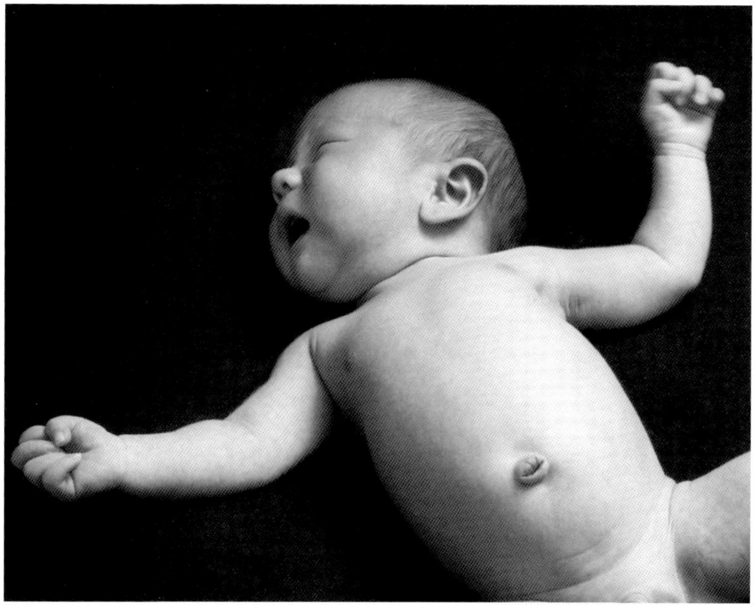
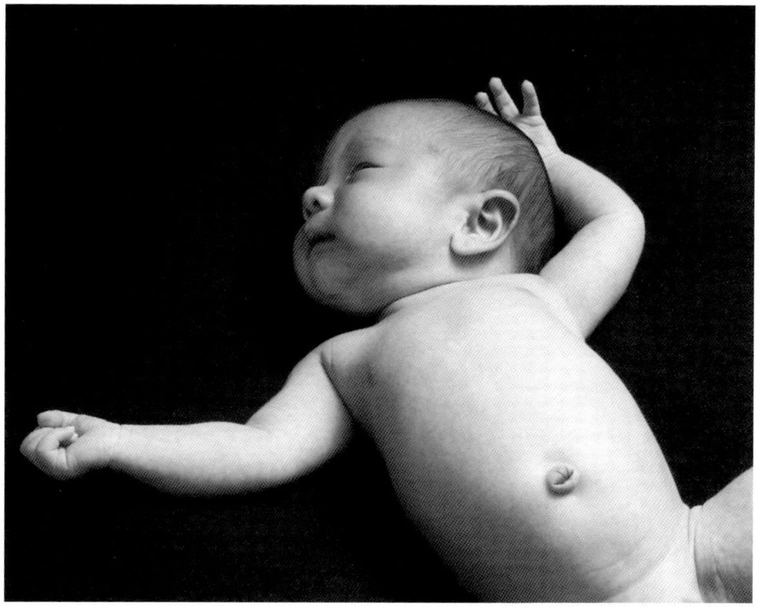

La sonnolenza

Questa neonata è in uno stato liminale, una zona grigia tra il sonno e la veglia. Le palpebre sono parzialmente abbassate e l'espressione del viso è vacua; non sembra guardare niente e nessuno in particolare e, se apre gli occhi, sarà solo per qualche secondo. La piccola è chiaramente in una fase di transizione, quasi fosse indecisa se uscire a dare un'occhiata al mondo, nuovo e invitante, o restare nella quiete confortevole e rassicurante del sonno. Quando la vostra bambina è in questo stato, vi sta dicendo di aspettare il suo prossimo segnale di comunicazione. «Dammi tempo» sembra suggerirvi. «Ho bisogno di essere ben sveglia per avere voglia di poppare e di guardarti.»

Se gli schemi di comportamento di alcuni neonati sono chiari e prevedibili fin dall'inizio, molti bambini necessitano di tempo per acquisire un ritmo di sonno e veglia regolare. Aiuterete il vostro piccolo a raggiungere questo obiettivo rispettando i suoi sforzi e non disturbandolo quando si trova in fase di transizione, anche se vorreste tanto svegliarlo per allattarlo o giocare con lui. Spesso per i genitori è assai difficile reprimere tale desiderio, ma considerate che maturare un proprio ritmo di sonno e veglia è uno dei suoi compiti più importanti. E la capacità di riuscirci dipende più dal carattere e dalla psicologia individuale del neonato che dalle vostre reazioni nei suoi confronti.

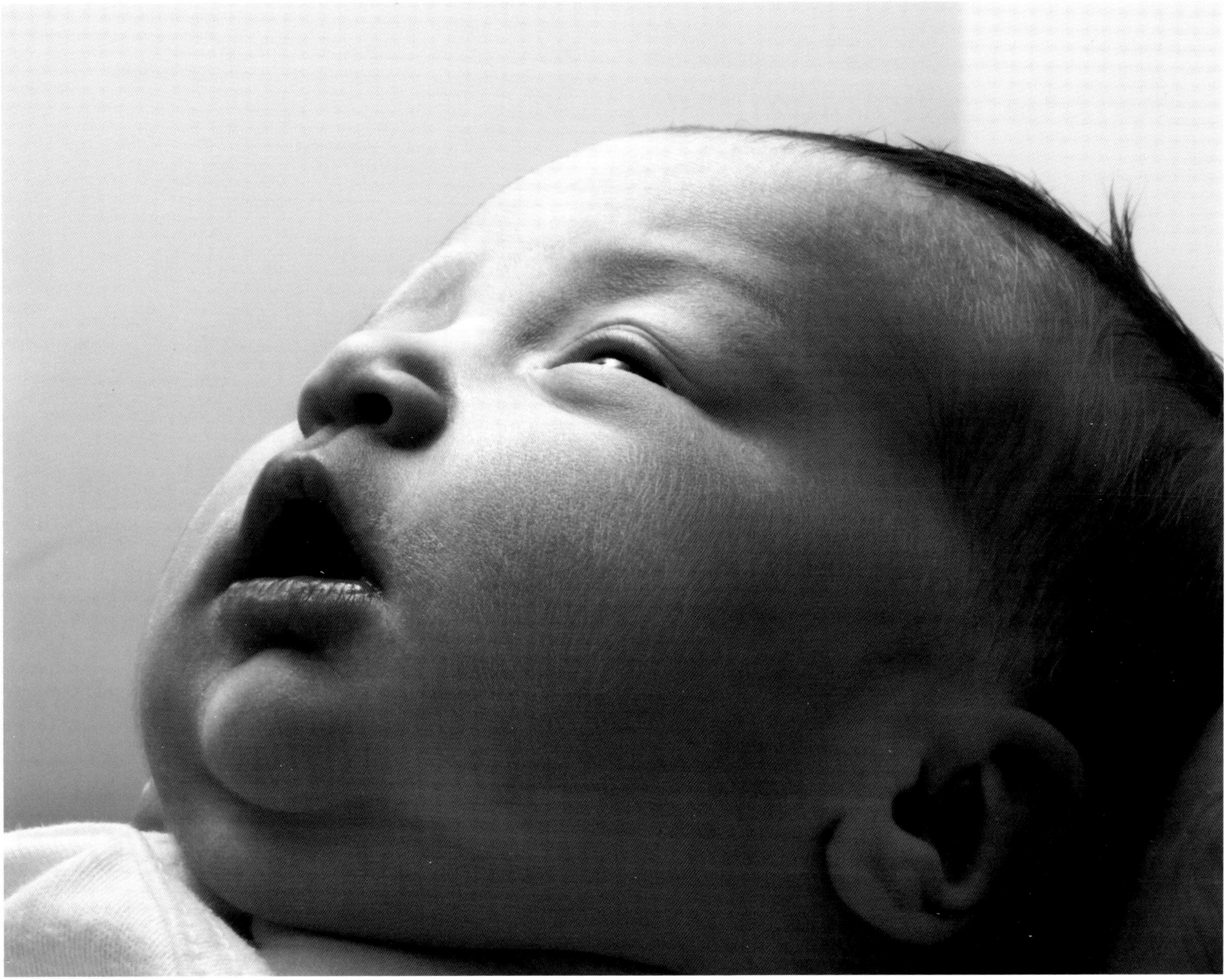

L'iperstimolazione

A PRIMA VISTA potreste scambiare un'espressione che segnala un eccesso di stimoli con uno sguardo di vivo interesse o di sorpresa, ma la testa leggermente voltata, le sopracciglia inarcate e gli occhi spalancati trasmettono un messaggio diverso: quand'è così, vostro figlio è iperstimolato e fatica a rimanere concentrato su ciò che sta facendo. Questo può accadere se cerca di assimilare un'esperienza troppo eccitante, come un giocattolo che suona e lampeggia ininterrottamente, o durante un'interazione vis-à-vis eccessivamente intensa, perché quando uno stimolo si fa troppo insistente o impegnativo, il neonato si sente incapace di allontanarsi o proteggersi. Lo sguardo fisso e gli occhi spalancati di questo bambino, per esempio, sono la reazione a un «dialogo» troppo intenso con la madre. Anche se ci sono molte differenze individuali nel modo di reagire e di adattarsi agli stimoli, l'eccesso di eccitazione può turbare e spossare il piccolo, compromettendo la sua capacità di mantenersi disponibile alla socializzazione per periodi prolungati.

Nel passaggio dalla fase neonatale al terzo mese di vita, vostro figlio apprezzerà l'interazione vis-à-vis con voi più di ogni altra cosa; potreste quindi rimanere sorpresi vedendolo mostrare segni di insofferenza nel corso del gioco, come iniziare a fissarvi con gli occhi spalancati o magari girare la testa distogliendo lo sguardo da voi. Entrambe le reazioni sono segnali comportamentali sottili e raffinati che fanno parte del suo repertorio non verbale quando si trova di fronte a un'esperienza iperstimolante. In situazioni simili, potrebbe essere necessario proteggerlo diminuendo il flusso e il livello delle informazioni e degli stimoli ai quali è esposto.

Tutti i segnali inviati dal vostro bambino hanno un valore comunicativo, e ciascuno di essi vi aiuterà a interpretare il suo comportamento. Durante le prime settimane e i primi mesi, avrete molte occasioni di trovare insieme ritmi e modelli di interazione adatti al vostro carattere e al vostro modo di fare, e ciò darà un'impronta unica alla relazione.

Segni di sofferenza

I neonati, com'è naturale, sono interessati a esplorare il nuovo ambiente al di fuori dell'utero, ma c'è un limite alla quantità di stimoli che riescono a tollerare e apprezzare. Inoltre, differiscono molto tra loro nella capacità di far fronte a diversi tipi di stimolo. Alcuni riescono a sopportare una stimolazione elevata e si trovano addirittura a loro agio in situazioni di questo genere; altri sono meno tolleranti, ma hanno solo bisogno di sospendere per un po' l'interazione con l'ambiente prima di continuare; altri ancora, di fronte a una stimolazione incessante, si sentono oppressi e finiscono per esasperarsi.

Tutti i neonati prima o poi danno segni di sofferenza. La pelle che diventa pallida, scura, paonazza o a chiazze è un chiaro indice di stress, ma anche il respiro irregolare può essere rivelatore: in questo modo il bimbo vi segnala che ha bisogno di aiuto per ritrovare l'equilibrio. Oppure, potreste accorgervi che si irrigidisce di colpo, con le dita divaricate o i pugni serrati e le gambe tese. Trasalimenti, convulsioni e tremori sono segnali certi di stress, mentre conati, sputi, colpi di tosse, sospiri, starnuti, singulti e sbadigli sono tutti segni che il piccolo può usare per dirvi che è angosciato, sconvolto o esausto. Altri segnali di stress sono la fronte corrugata, le sopracciglia aggrottate e la lingua che sporge dalla bocca. Alcuni neonati, invece, reagiscono all'iperstimolazione diventando assai meno vivaci, come se si chiudessero in se stessi: gli occhi sono assonnati, i movimenti scarsi, il corpo floscio.

Tutti questi comportamenti sono tesi ad attirare la vostra attenzione. Forse all'inizio molti non li coglierete, ma non appena conoscerete meglio il vostro bambino e imparerete a distinguere i segnali di sofferenza e a dare le risposte adeguate, lo aiuterete ad acquisire il dominio sull'ambiente. Questo tipo di sostegno gli permetterà di far fronte agli eventi imprevedibili, incerti e iperstimolanti che sono così frequenti nel mondo che lo circonda.

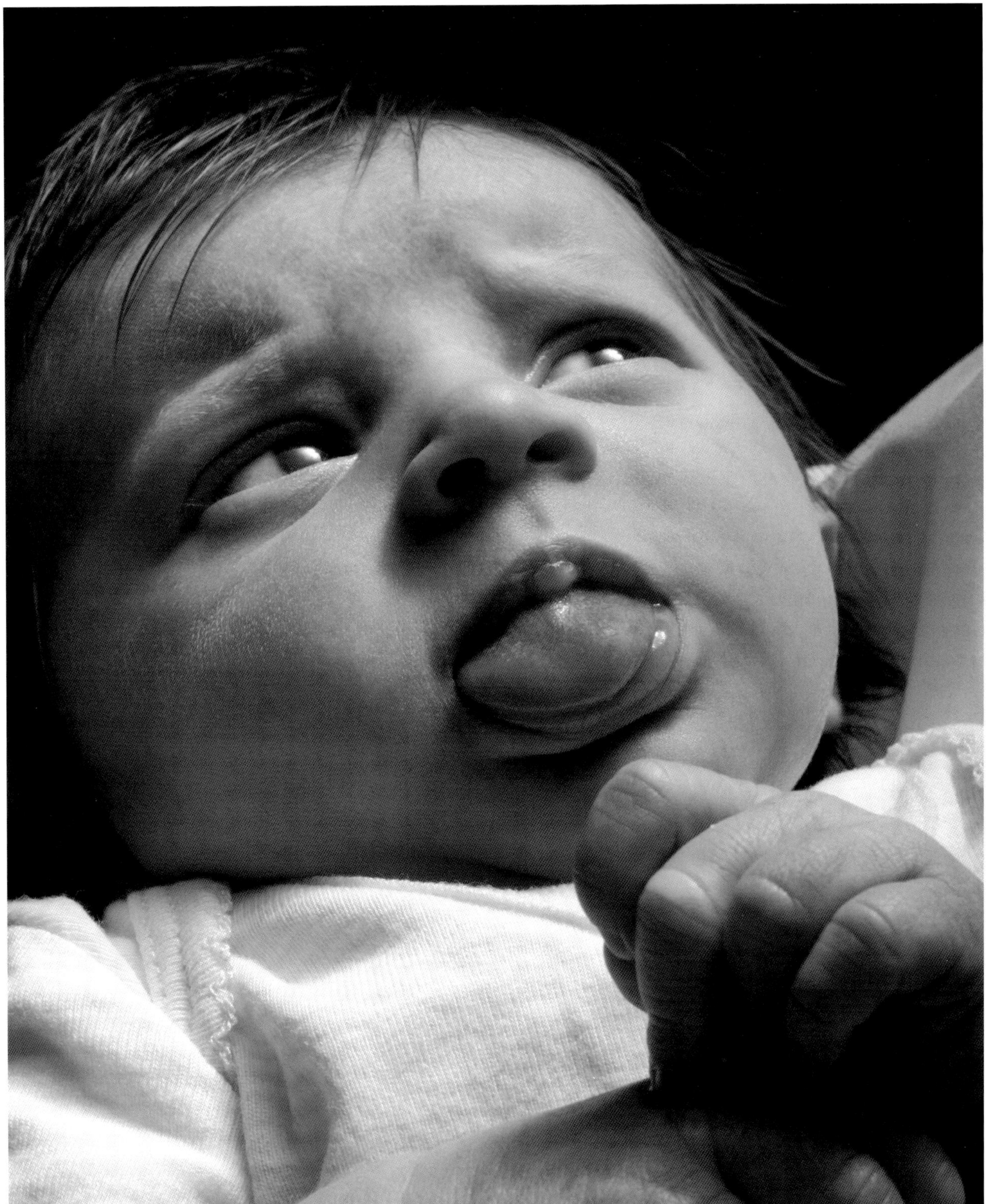

Consolabilità

La maggior parte dei neonati ha bisogno di consolazione quando piange. Alcuni, una volta lasciati soli, riescono a calmarsi modificando la postura o succhiandosi le mani, ma i più devono essere aiutati. Parlate al bambino con un tono di voce pacato e affettuoso o cantategli una dolce ninna nanna, appoggiategli la mano sul braccio, cullatelo teneramente o accarezzatelo e prendetelo in braccio per offrirgli un conforto fisico immediato: tutte queste tecniche possono aiutarlo a riprendersi e a calmarsi. Vi sono però neonati assai difficili da consolare, con i quali nessuno di questi approcci classici sembra funzionare. Qualunque sia il grado di consolabilità del vostro bambino, è probabile che passiate le sue prime settimane di vita cercando di trovare le strategie più adeguate.

In molte culture, le madri rispondono al pianto del bambino semplicemente allattandolo. Si tratta di un riflesso naturale: quando una madre sente il piccolo piangere, l'afflusso di sangue al seno aumenta provocando un impulso, biologicamente determinato, all'allattamento. L'atto stesso di allattare causa un'innalzamento repentino della prolattina, l'ormone che regola la produzione di latte, e questo, insieme al rilascio di ossitocina, procura un senso di sollievo e di piacere sia alla mamma che al bambino.

Fortunatamente, sarà il bimbo stesso a guidarvi nella ricerca delle tecniche consolatorie più efficaci. Vi dirà lui che cosa funziona nel suo caso, se è meglio allattarlo, parlargli, cambiarlo, cullarlo dolcemente, passeggiare su e giù con lui o tenerlo sulla spalla. Ma sapere perché piange vi consentirà di trovare più facilmente le tecniche giuste: un pianto per fame richiede una risposta completamente diversa da uno provocato da dolore. Anticipare il pianto imparando a riconoscere i primi segnali di stress o di iperstimolazione può aiutare ad accorciare la crisi. Qualunque sia il motivo del pianto, una reazione che trasmetta calore e coerenza permette al neonato di rafforzare la propria fiducia e il senso stesso del sé. Grazie a questi piccoli gesti d'amore, di cui nemmeno si serba il ricordo, il bambino ha la sensazione profonda di essere amato e protetto.

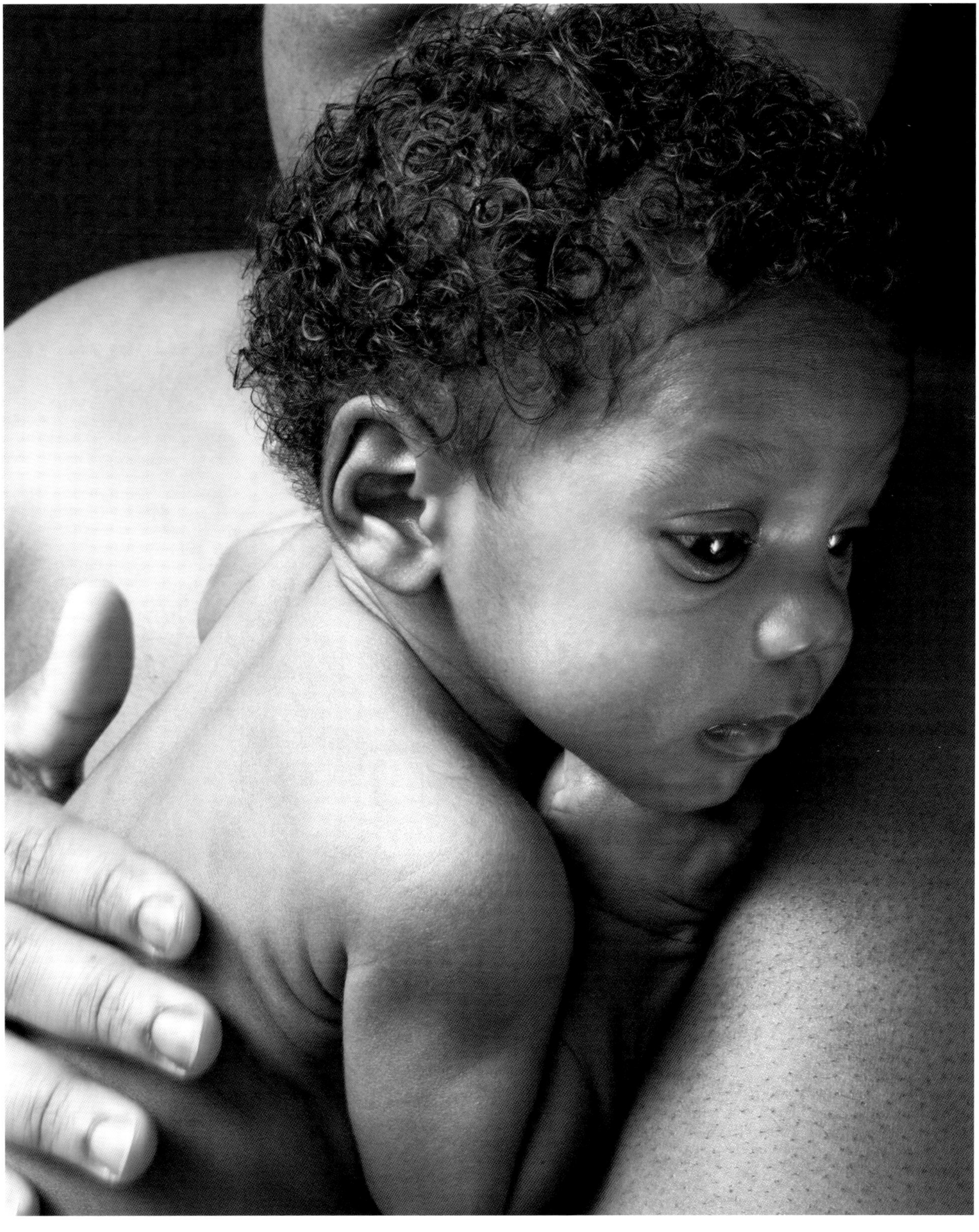

Il neonato inconsolabile

PRENDERSI CURA DI un neonato che piange molto è un compito davvero stressante. Tanti genitori sono scoraggiati, se non addirittura sconvolti, di fronte al pianto continuo e talvolta inconsolabile del loro figlioletto, e alcuni finiscono per constatare che nessuna delle tecniche consolatorie abituali funziona. Il pianto ininterrotto ed eccessivo può creare tensioni tra i componenti della famiglia, influenzando i rapporti reciproci.

I pianti continui senza un motivo evidente, ai quali nessuna cultura è immune, sono causa di stress per i genitori, perché è molto difficile individuarne la causa e calmare il piccolo diventa un'impresa. Benché le ragioni di questo fenomeno non siano del tutto chiare, è possibile che il bambino provi dolore o fastidio provocato da uno stato fisico, come un disturbo intestinale, oppure da una causa ambientale, o magari abbia solo un carattere estremamente sensibile. Può essere d'aiuto ricordare che il pianto eccessivo nei primi mesi di vita di solito è un fenomeno transitorio, che non ha conseguenze sul successivo adattamento.

Anche quando i genitori sono attenti e reagiscono con sensibilità, il neonato può comunque avere episodi prolungati di irrequietezza e attacchi di pianto inconsolabile. In questo caso, scoprire le tecniche più efficaci per calmare vostro figlio richiede dedizione e impegno, ed è bene parlarne con il pediatra, se non altro per essere rassicurati sulle sue buone condizioni di salute. Ciò che vi sarà maggiormente d'aiuto è il sostegno degli altri e la possibilità di prendervi qualche momento di respiro. Genitori più esperti vi assicureranno che nel giro di breve tempo i pianti irrefrenabili del piccolo si ridimensioneranno parecchio, e voi ritroverete il piacere di giocare e interagire con lui.

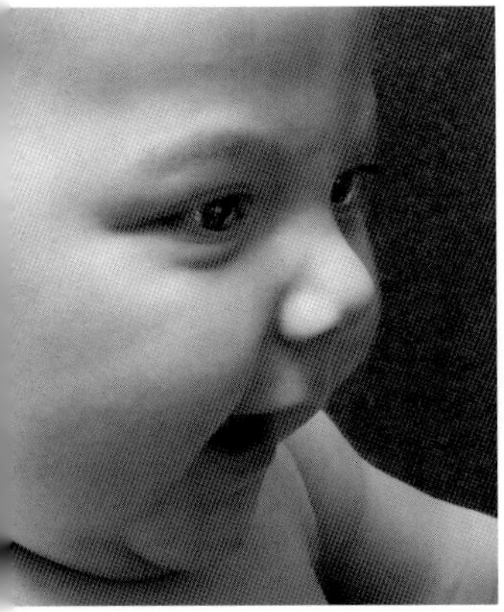
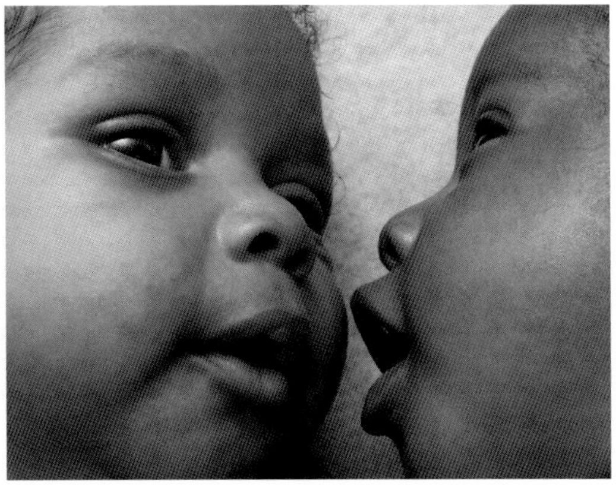

Il neonato sociale

Quando vi guarda negli occhi

Anche molto prima di imparare a parlare, i bambini dispongono di meccanismi mentali specifici che consentono loro di cogliere i segnali non verbali. Il piccolo ha la straordinaria capacità di reagire alle vostre espressioni e di scambiare sguardi e comunicare con voi, sia pure per brevi periodi, persino nei primi giorni e nelle prime settimane di vita. È come se i neonati avessero l'abilità innata di entrare in contatto con gli altri e non fossero soddisfatti finché non stabiliscono un rapporto con le persone che si prendono cura di loro. Nessuna mamma e nessun papà dimenticheranno mai la prima volta che il loro bimbo appena nato li ha guardati negli occhi e ha dato l'impressione di riconoscerli.

A volte è il neonato stesso ad avviare il contatto visivo, usando strategie diverse per attirare la vostra attenzione: un guizzo improvviso nella culla o una pausa durante la poppata. All'inizio queste manifestazioni emotive sono brevi, di durata inferiore a un secondo, ma non appena ne cogliete una, capite che vostro figlio è una persona a tutti gli effetti: un individuo che ora potete cominciare a conoscere.

A mano a mano che il vostro bambino cresce, queste occasioni si faranno sempre più frequenti e prolungate. Scoprirete con entusiasmo che, quando vi guarda negli occhi, la sua espressione rivela un investimento emotivo: il piccolo è molto più assorto e in attesa di reazioni rispetto a quando guarda una giostrina, per quanto questa lo attragga. Gli occhi si stringono e si fissano su di voi, la bocca è semiaperta e le labbra contratte, tutti segni di grande emozione. In questo modo vi sta comunicando una cosa fondamentale: che è qui ed è pronto a giocare con voi, che siete il centro del suo mondo sociale.

Allattamento e comunicazione

Allattare può essere un momento di grande intimità e piacere sia per voi sia per la vostra bambina, che durante la poppata sperimenta il massimo grado possibile di stimolazione tattile. Mentre la tenete fra le braccia, sentite riecheggiare in tutto il corpo i vigorosi movimenti ritmici della suzione: potreste vederla muovere addirittura le orecchie mentre poppa, intenta com'è a nutrirsi in modo efficace. È probabile che tenga la mano appoggiata sulla vostra pelle o che vi stringa un dito, un appiglio perfetto per mantenere la posizione adeguata. Se allattate al biberon, potete comunque apprezzare il contatto fisico pelle a pelle che stimola la secrezione di ossitocina nel cervello e rafforza il vostro legame.

La vicinanza tra la madre che allatta e il proprio piccolo è perfetta per aumentare l'interazione tra i due, perché la distanza tra gli occhi della mamma e il bambino attaccato al seno corrisponde al campo visivo del neonato, dimostrazione della straordinaria armonia della natura.

Dopo una vigorosa suzione il bimbo può fare una pausa e sollevare gli occhi per guardarvi prima di riprendere a poppare. Durante questa breve interruzione – un istante, in realtà – bambino e genitore possono scambiarsi sguardi fugaci ma densi di significato, nei quali rivelano le emozioni profonde che provano l'uno per l'altro.
La comunicazione è chiara e diretta: il bambino sta ricevendo il nutrimento di cui ha bisogno per la sopravvivenza e intanto si gode le cure amorevoli e la sicurezza che gli state offrendo, altrettanto indispensabili per la sua crescita e il suo sviluppo emotivo.

Il potere della voce

Molti credono che l'utero sia un luogo silenzioso, ma in realtà i suoni esterni arrivano al nascituro: la musica, per esempio, e soprattutto la voce acuta e cantilenante della mamma. Sappiamo che il feto può sentire le voci e reagisce al loro suono, poiché è stato osservato che la sua frequenza cardiaca rallenta, segno di interesse e attenzione. Poco dopo la nascita il neonato è già così abituato alla voce della mamma da riuscire a distinguerla da quella di un estraneo, e nel giro di poco tempo è in grado di riconoscere la differenza tra alcune sillabe come «ba» e «ga», «ma» e «na», e persino tra «mà-ma» e «ma-mà».

Un neonato preferisce la voce della mamma o del papà a qualsiasi altro suono. Parlare al vostro bambino con voce pacata tenendolo a una distanza di 25-50 centimetri dal viso è lo stimolo ideale per lui, ed è la maniera perfetta per cominciare a interagire e a comunicare. Naturalmente il piccolo non capirà le parole che gli dite, ma percepirà gli schemi generali di ritmo e di tono che differenziano la vostra voce da quella di tutti gli altri. È il suo tono caldo e carico di emozione ad attrarlo e affascinarlo, ed è questo che gli rimarrà impresso.

Quando lo guardate negli occhi e gli parlate, adotterete spontaneamente una modalità speciale, con un tono naturalmente più alto e scandito da sequenze tonali che durano da cinque a quindici secondi. Questa «lingua per neonati», lenta, acuta, melodica e ripetitiva, offre maggiori probabilità di attirare l'attenzione del bambino e fa sì che lui colga più facilmente le vostre emozioni. Sebbene il contatto visivo abbia un ruolo fondamentale nel favorire l'interazione tra genitore e neonato e nello stabilire un legame tra i due, nei primissimi giorni di vita è il senso dell'udito del piccolo a consentire una comunicazione completa.

L'imitazione

INCREDIBILE A DIRSI, i neonati sono in grado di imitare le espressioni facciali. Parrebbe impossibile, se consideriamo tutto ciò che una tale azione richiede: il bambino dev'essere in grado non solo di vedere il vostro viso, ma anche di associare ciò che ha visto alla conoscenza innata del *proprio* viso e quindi usare tale associazione per riprodurre la stessa espressione, senza naturalmente poterla vedere.

Il neonato apprende principalmente guardando, ma anche grazie all'imitazione, che gli permette di comprendere il proprio mondo fisico e quello psicologico delle persone che ha attorno. Se siete un neogenitore, l'imitazione fatta dal vostro bambino può stimolare un ciclo attivo di interazione. Ma perché essa abbia luogo, le condizioni devono essere pressoché ideali: il piccolo dev'essere calmo ma vispo, non deve avere fame né essere stanco, e dovete trovarvi faccia a faccia. Potrebbe cominciare lui, imitando la vostra espressione per poi produrne spontaneamente un'altra, come se attendesse una vostra reazione e si aspettasse di proseguire l'interazione a quel modo.

La capacità imitativa è un potente strumento di apprendimento a disposizione del bambino, ma è anche una forma intima di comunicazione vis-à-vis. Benché preceda di molto il linguaggio, costituisce un primo passo verso la conversazione verbale, fulcro dell'interazione umana.

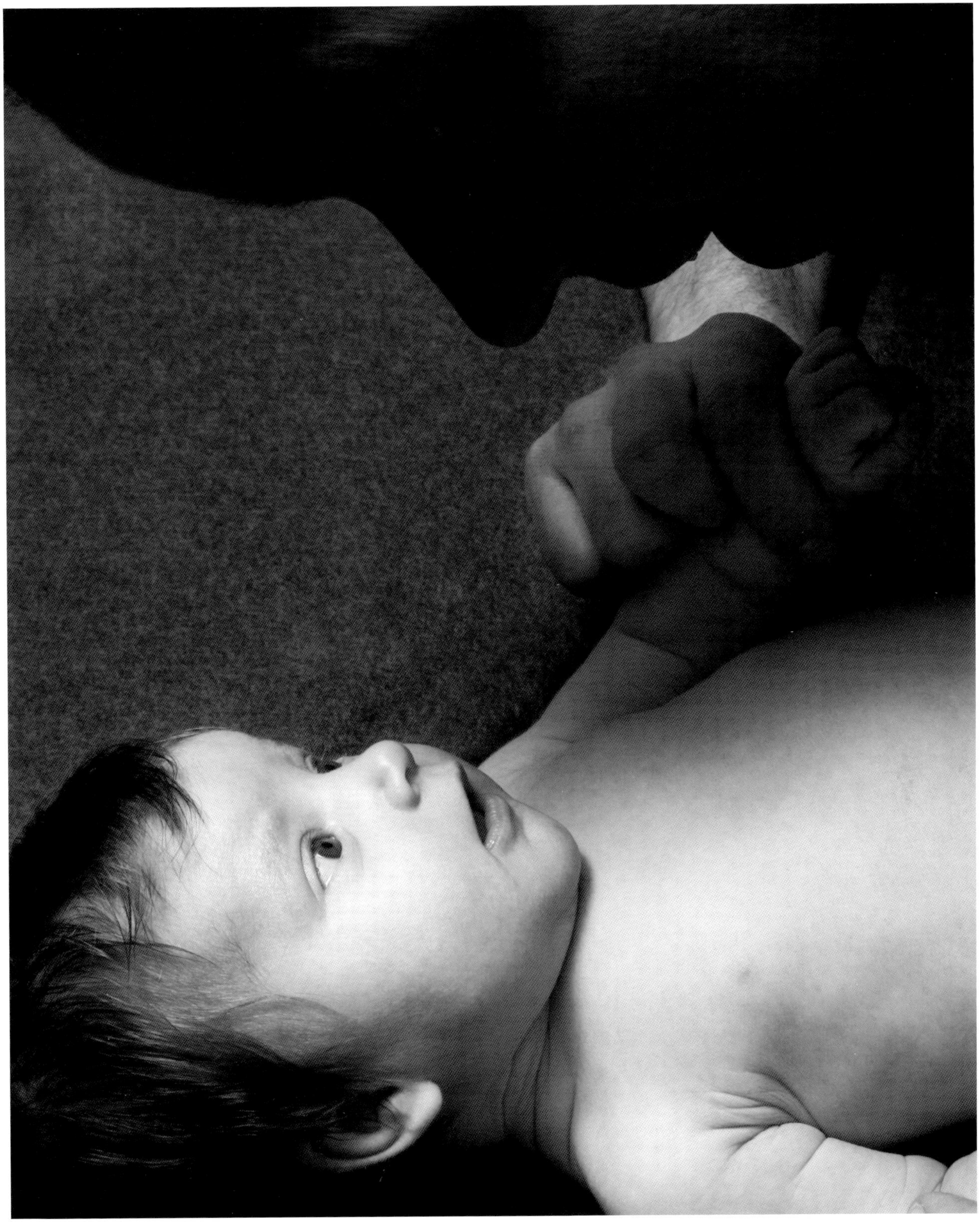

L'apprendimento

QUANDO, DA ADULTI, ci troviamo di fronte una cosa nuova o sorprendente, ne siamo perfettamente consapevoli. La nostra attenzione si concentra come se illuminassimo con un faro l'oggetto in questione, e mentre ne esploriamo le caratteristiche perdiamo coscienza di quello che abbiamo intorno, assimilando quante più informazioni possibile prima che l'interesse si affievolisca. Mentre ciò accade, il nostro cervello produce un'attività elettrica caratteristica (onde cerebrali) associata all'attenzione. Nel neonato accade la stessa cosa, ma per molto più tempo, giacché per lui tutto è nuovo.

La fame di conoscenza del neonato è vorace e inesauribile, e nel suo cervello avvengono innumerevoli interazioni complesse, derivanti dalle esperienze che vive con voi e con l'ambiente circostante. Durante le prime settimane e i primi mesi di vita comincia già a riconoscere i contorni del vostro viso e a distinguere il ritmo e la cadenza della vostra voce. Associa il seno al piacere di nutrirsi e può già collegare le mani e la voce del papà all'emozione del gioco. Mette in relazione determinati odori e sensazioni tattili con un senso di conforto e sicurezza, e quando sente la voce acuta e familiare di un fratello o di una sorella è in grado di distinguerla dalle altre. Il bambino sta cercando di dare una forma e una struttura costanti al suo mondo, per trovare un punto fermo nel vasto mare delle esperienze quotidiane.

Sappiamo che il cervello del neonato è plasmato dalla qualità delle sue prime esperienze, ma sappiamo pure che, sebbene il vostro bambino dipenda unicamente da voi, in questa fase non dovete insegnargli niente in senso stretto: il piccolo impara osservandovi e prestando attenzione a tutto ciò che è nuovo e inatteso nel mondo che lo circonda. Ma è in grado di imparare solo perché può contare su di voi, che lo proteggete e soddisfate i suoi bisogni. Che sia addormentato, perfettamente sveglio o in preda all'angoscia, è la vostra cura costante e affidabile a permettergli di assimilare tutte le informazioni di cui necessita per capire il mondo. L'amore rende possibile l'apprendimento, ma l'apprendimento prende slancio da sé. I genitori devono solo allestire la scena, come bravi scenografi.

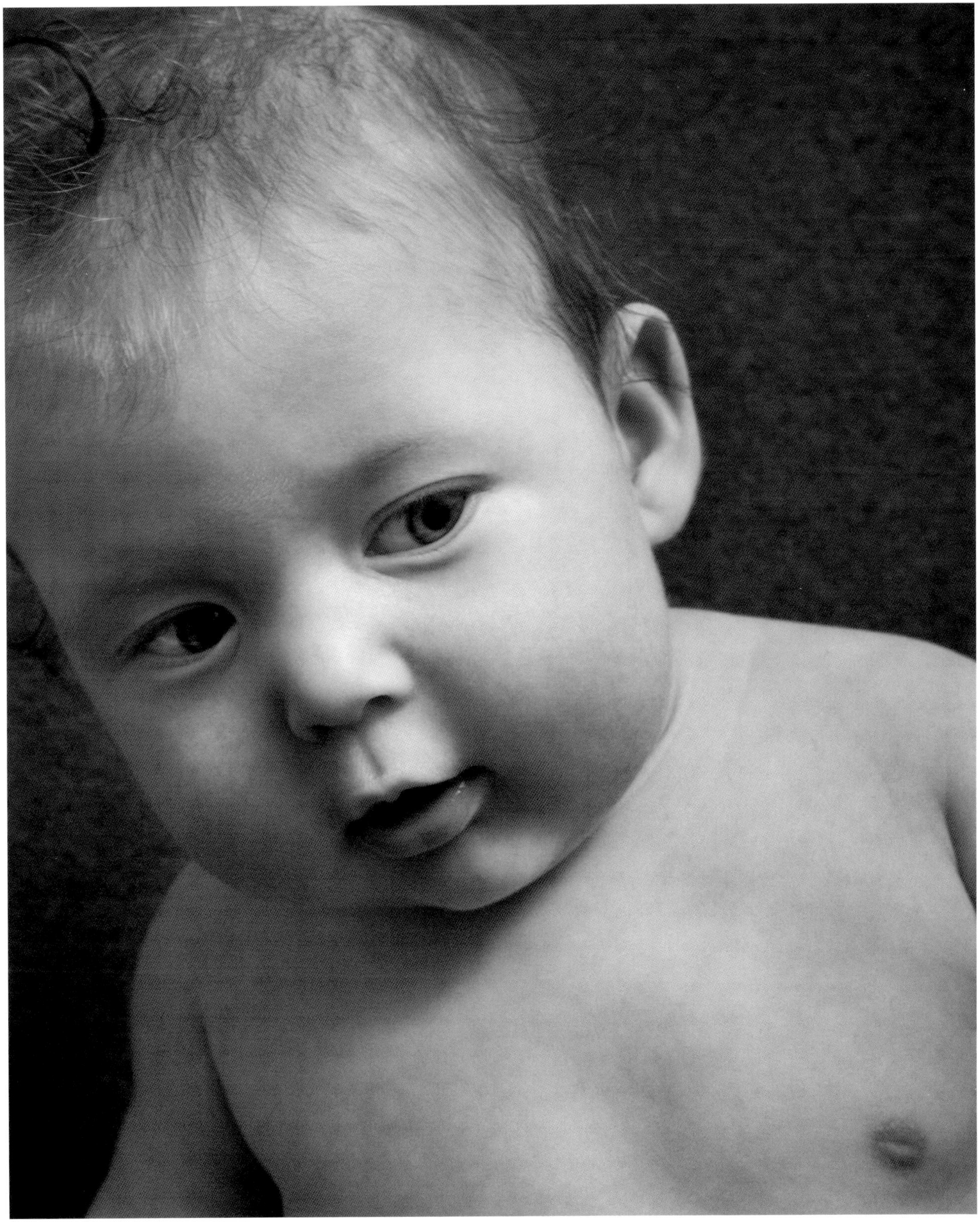

Il carattere

OGNI NEONATO è unico e ha un repertorio comportamentale distinto, persino nel caso di due gemelli appena nati, come quelli ritratti nella foto. Le differenze di carattere e di personalità emergeranno più chiaramente durante la crescita, ma anche adesso i due piccoli mostrano la loro diversità nel modo di muoversi e nel livello di attività: uno – dicono i genitori – è imperturbabile e «tollerante», anche se è costantemente oggetto delle attenzioni del fratello; l'altro sembra sempre «in movimento» e mostra un alto grado di attività.

Il vostro bambino può essere di indole tranquilla, capace di rimanere calmo per lunghi intervalli di tempo. In tal caso, i movimenti delle braccia e delle gambe saranno fluidi e rilassati e il piccolo non avrà troppi problemi a rimanere fermo durante la poppata. Oppure può essere più attivo e ogni tanto avere bisogno di aiuto per calmarsi, ma non è detto che sia necessario tenerlo costantemente fasciato.

Alcuni neonati tuttavia – e forse vostro figlio è tra questi – sono quasi sempre in movimento e sembrano apprezzare la giostra di volti e voci in continuo mutamento che li circonda. Ciò naturalmente rende difficile il sonno e l'allattamento per loro e per i genitori. Distesi supini tra una poppata e l'altra, questi bambini possono continuare a muoversi senza riuscire a calmarsi. Se la vostra bambina tende a dare segni di un alto livello di attività, i suoi movimenti corporei vanno interpretati come una richiesta d'aiuto per calmarsi. Offrendole il contenimento, il contatto fisico e la sicurezza che richiede, le permetterete di avere qualche periodo di tranquillità mentre è sveglia, in modo che il gioco e l'allattamento siano piacevoli per entrambi. Inoltre, potete aiutarla a limitare i movimenti di braccia e gambe rimboccandole bene le coperte e disponendole tutto intorno dei cuscini nella culla. Quando è pronta a essere allattata o a interagire con voi, potrebbe avere bisogno anche di essere fasciata e tenuta stretta.

La maggior parte dei neonati si colloca fra questi due estremi, con periodi di attività e altri di quiete. Come tutti i bambini, nei primi mesi di vita vostro figlio deve acquisire il controllo del proprio comportamento motorio: essere attenti e sensibili nei confronti delle sue peculiarità vi metterà in grado di dargli un profondo sostegno.

Il sorriso sociale

Noi adulti siamo consapevoli che la capacità di leggere le espressioni facciali degli altri è indispensabile per capire come si sentono e addirittura chi sono. Lo stesso vale per la comprensione del vostro bambino: le sue espressioni facciali e corporee sono una finestra sulla sua personalità e sulle sue emozioni, cioè sulla sua vita interiore. Ogni espressione vi rivela qualcosa di più su di lui, su ciò che gli interessa in quel momento, ciò che lo rende felice o triste. Ma sarà soprattutto il sorriso sociale, che compare tra il primo e il secondo mese di vita, a emozionarvi, poiché questa espressione speciale rivela ciò che vostro figlio prova per voi.

Poco dopo la comparsa dei primi sorrisi semplici del neonato, avviene un cambiamento qualitativo che annuncia il vero sorriso sociale. Quando lo scorgerete per la prima volta, molto probabilmente durante il gioco vis-à-vis, lo riconoscerete all'istante: un sorriso a bocca spalancata con gli occhi leggermente socchiusi, talvolta accompagnato da versetti e suoni simili a parole, chiaramente indirizzati a voi. È un sorriso pieno di emozione, che interpreterete come un segnale che l'amore e la gioia intensi che provate per il piccolo sono ricambiati: e in effetti è proprio quel che sta accadendo.

Con i primi sorrisi sociali, capirete immediatamente che il vostro rapporto con il bambino si è trasformato: quel sorriso ha fatto breccia nel cuore di entrambi.

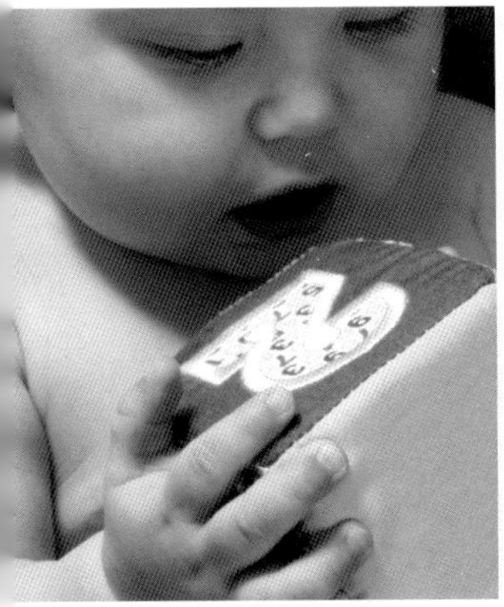

Il bimbo che cresce,
il mondo più grande

Afferrare gli oggetti

Tutte le cose che il neonato vede sono nuove e interessanti, dunque è naturale che abbia l'impulso di tendere le mani per esaminarle. Quando vede qualcosa che lo attrae, spalanca gli occhi con un luccichio nello sguardo, solleva le sopracciglia, apre la bocca e rilascia la mascella: tutti segni di interesse e attenzione. Nei primi mesi di vita il bambino può esplorare con la vista tutto ciò che attira la sua attenzione, purché rientri nel suo campo visivo, e a volte compie i primi tentativi di afferrare, aprendo la mano e tendendola verso gli oggetti.

Comunque, verso i quattro mesi la capacità del bambino di tendere la mano e afferrare ha uno scatto improvviso. A questa età i suoi occhi riescono a distinguere molto meglio i particolari, arrivando a cogliere quasi tutte le sfumature di colore visibili agli adulti. Dopo molte settimane di sforzi, finalmente la visione binoculare e la percezione della profondità sono abbastanza sviluppate da permettergli di allungare la mano intenzionalmente e afferrare un oggetto che lo incuriosisce, come gli anelli colorati della foto. Osservate l'interesse e la determinazione negli occhi di questo bambino quando individua il suo obiettivo! Vedrete vostro figlio compiere una serie di tentativi per provare ad afferrare qualcosa. Prima guarderà l'oggetto, poi la propria mano, quindi avvicinerà la mano all'oggetto, lo fisserà di nuovo e continuerà a tendere il braccio finché non riuscirà a prenderlo.

Riuscire ad afferrare un oggetto affidandosi alla vista è una conquista straordinaria. Per la prima volta, vostro figlio è in grado di coordinare le informazioni ricevute dagli occhi per controllare e dirigere le mani allo scopo di portare a termine il compito che lui stesso si è assegnato. In seguito affinerà la tecnica con l'esercizio, e verso i sei mesi saprà afferrare e sollevare un chicco d'uva passa usando solo il pollice e l'indice. Con l'andare del tempo e con lo sviluppo delle aree motorie corticali i suoi gesti si fanno più fluidi e precisi, ma anche nei primi mesi di vita il piccolo può decidere che oggetto vuole, e poi tendere le mani per portarlo all'interno del proprio campo visivo ed esaminarlo meglio. Il mondo, con tutti i suoi misteri, è invitante, e il bambino non può fare a meno di allungare le mani e stringerlo in pugno.

Esplorare

Questo bambino sa usare le mani per esaminare attivamente un cubo morbido, il che significa che per la prima volta è in grado di esplorare il mondo con tutti i sensi di cui dispone: vista, odorato, udito, tatto e gusto. Vede il cubo e allunga la mano per prenderlo; regola il movimento della mano in modo da toccarlo e tastarlo; sente i suoni che il cubo produce, lo annusa e prova a metterselo in bocca. È in grado di percepirne il peso, la consistenza, la durezza o la morbidezza esaminandolo fisicamente e prendendolo in bocca, sfregandolo, affondandovi le dita e passandovi le mani intorno.

I bambini per natura cercano di capire come funziona il mondo delle persone e degli oggetti. Sono dotati alla nascita di potenti meccanismi innati che li spingono a scovare ed esaminare le cose, per poi classificare e organizzare ciò che hanno imparato. Anche se ha solo pochi mesi, vostro figlio verifica ipotesi e conduce esperimenti con la tenacia e la curiosità di uno scienziato! Sperimentando un giocattolo nuovo, impara a capire come funziona e a formarsi aspettative sul futuro. Presto scopre che gli oggetti reagiscono in determinati modi, che le superfici dure sono diverse da quelle morbide, che i cubi cadono verso il basso e non verso l'alto. L'esperienza con i vari materiali gli insegnerà a modificare, rivedere, rimodellare, riorganizzare e sostituire le sue conoscenze iniziali. Mentre amplia e affina la propria abilità di esplorare il mondo, il bambino deve modificare in continuazione il proprio modo di vedere le cose. Ci saranno errori da correggere, concezioni sbagliate da modificare e idee da approfondire, ma l'abilità di esplorare con gli occhi e *anche* con le mani sta già trasformando la sua comprensione del mondo e mutando così l'architettura stessa del cervello.

Soprattutto, il vostro bambino adesso sta imparando che può apportare cambiamenti all'ambiente circostante, può far sì che accadano cose. Nei mesi e negli anni a venire le sue attese cambieranno: crescerà il grado di incertezza aumenteranno le sorprese, e quando il bambino si imbatterà in nuove sfide e nuove esperienze accrescerà la fiducia in se stesso, mentre il senso di padronanza che ora sta scoprendo si acuirà. Il piccolo ha già cominciato a capire che tramite le sue azioni può influenzare gli eventi.

L'empatia

PRIMA CHE VOSTRO figlio nascesse, forse vi siete chiesti che tipo di persona sarebbe diventato crescendo e avrete desiderato che avesse certe particolari caratteristiche. Senz'altro vi sarete augurati che il vostro bambino, fra le altre qualità, possedesse gentilezza ed empatia.

Sembra proprio che anche i neonati sperimentino l'essenza dell'empatia, quella capacità di immedesimarsi negli altri fino a provare i loro stessi sentimenti. Già nel primo giorno di vita i bimbi mostrano segni di sofferenza maggiore e più prolungata quando sentono il pianto di altri neonati, e tale reazione può essere considerata un'espressione abbozzata del senso di compassione.

Questa prima forma di empatia si evidenzia in modo particolare nel rapporto tra i gemelli. Monozigoti o dizigoti che siano, questi fratelli condividono così tante esperienze nella stessa fase di sviluppo fisico ed emotivo che tra loro si crea inevitabilmente un legame empatico speciale ed è probabile che questo peculiare rapporto ponga le basi di una maggiore capacità affettiva nei confronti degli altri.

Tutti i bambini – figli unici, gemelli o fratelli e sorelle di età diverse – imparano l'amore e la bontà dai propri genitori, cioè da voi. Ma un bambino che ha fratelli o sorelle imparerà dall'interazione quotidiana con loro anche la compassione e l'interesse per gli altri.

La nascita di un bambino è in grado di cambiare i legami familiari, rendendoli più profondi. Soprattutto nei primi mesi di vita voi genitori avrete l'opportunità unica di favorire il rapporto tra i figli maggiori e il nuovo arrivato coinvolgendoli nella cura del piccolo, magari facendovi aiutare a vestirlo, allattarlo o addormentarlo. Come nel legame tra gemelli, questa vicinanza influirà certamente sulla capacità dei vostri figli di cooperare e sulla loro sensibilità ai bisogni degli altri, caratteristiche che sfoceranno poi nella capacità di dedizione e lealtà.

Imparare ad amare

Nelle prime settimane e nei primi mesi di vita, voi e il vostro bambino avete avuto modo di conoscervi imparando a interpretare i segnali comunicativi dell'altro. Ma c'è di più: il piccolo ha già cominciato a elaborare modalità diverse di conversazione con voi e con i nonni, i fratelli, le sorelle e le altre persone che lo accudiscono, e ognuna di queste modalità ha uno stile e uno scopo propri. Fra il terzo e il quinto mese, d'un tratto il bambino sorride di più e di tanto in tanto ride sonoramente, emette più vocalizzi e ha periodi di veglia più lunghi. Le prime interazioni casuali sono state sostituite da una forma di gioco condiviso più fluida ma strutturata. Che allattiate il bambino, gli facciate il bagno o semplicemente gli parliate, nelle vostre interazioni c'è un inizio («Hai fame, eh?»), una parte centrale («Ti piace?») e una fine («Mi sembri pronto per la nanna»), ma avete molte più possibilità di improvvisazione e il gioco può essere davvero appagante per entrambi.

Alcuni hanno paragonato i primi giochi tra genitore e figlio a una danza rituale, in virtù del ritmo cadenzato che sembrano seguire. Ma anche se vivrete momenti di perfetta armonia, è del tutto normale che alcuni segnali vi sfuggano e che si crei qualche dissonanza nella comunicazione. Potreste non afferrare la tacita richiesta di una pausa da parte del piccolo ed essere troppo esuberanti quando ha bisogno di tranquillità, oppure, come accade tra adulti, vi può capitare di «parlare» insieme nello stesso momento, di interrompervi, di sovrapporvi mentre cercate una modalità di dialogo che funzioni per entrambi. Magari dovrete parlare più lentamente o modificare il timbro di voce per adattarvi ai ritmi del piccolo, ma la cosa essenziale per avere successo nel dialogo è che riconosciate i vostri errori di comunicazione e cerchiate di trarne degli insegnamenti.

È indubbio che queste prime interazioni pongono le basi della conversazione e del linguaggio, ma per il bambino sono anche l'occasione per imparare la reciprocità, l'attenzione l'uno per l'altro e il rispetto e la pazienza necessari a far funzionare i rapporti. In altre parole, per imparare ad amare.

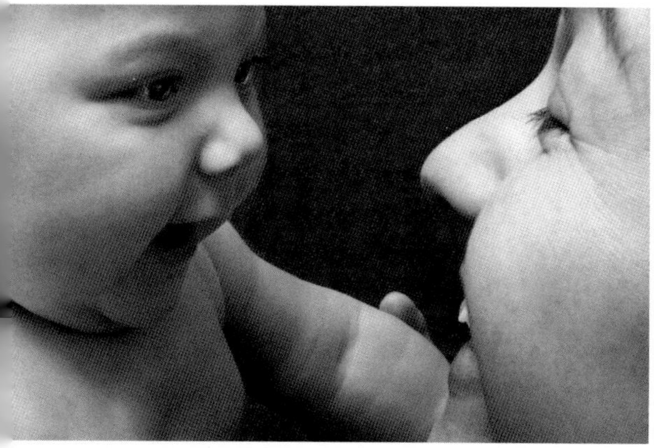

Genitore e figlio: un legame per la vita

Nuove sfide

Il periodo neonatale e i primi mesi di vita sono una fase di crescita e cambiamento straordinari per voi e per il vostro bambino. In questo periodo, mentre vi fate le ossa come genitori e cercate di soddisfare i suoi bisogni, vi trasformerete profondamente sul piano personale. Ogni esperienza quotidiana è nuova e originale, impegnativa ed entusiasmante, di rado prevedibile e probabilmente avrete la sensazione che niente avrebbe potuto prepararvi alla serie quasi sconcertante di interrogativi e sfide che vostro figlio vi pone, dall'assicurarsi che si nutra e dorma a sufficienza alla ricerca del modo migliore per rasserenarlo quando è inquieto. Le prime settimane e i primi mesi sono emozionanti, durissimi e gratificanti, nonché fondamentali per lo sviluppo del bambino poiché insieme cominciate a porre le basi di un rapporto che durerà per la vita. Sono giorni destinati a rimanere impressi nella memoria in modo nitido per sempre. E a un livello psicologico profondo, anche vostro figlio serberà traccia di questo periodo.

Le aspettative del bambino

I neonati vengono al mondo con speranze e attese. Il bisogno di essere al sicuro, di essere accuditi e nutriti sono infatti aspettative biologicamente determinate e i bambini sentono quando le loro esigenze primarie di sicurezza e amore sono soddisfatte. Sebbene non ne siano consapevoli, queste aspettative sono incorporate nel loro cervello: il neonato si aspetta di essere allattato quando ha fame, spera che il suo pianto sia ascoltato, che il suo bisogno di sonno sia rispettato e protetto, che i suoi sguardi e i suoi sorrisi vengano ricambiati. Quando tali attese sono soddisfatte con costanza, il bambino acquisisce un profondo senso di fiducia in voi e nel mondo. Tale varietà di esperienze contribuirà a farlo sentire amato e al sicuro, e ciò rafforzerà il suo affetto per voi trasmettendogli il senso del proprio valore, che costituisce il più intimo nucleo del sé.

Le competenze crescenti del bambino

A volte tra il secondo e il terzo mese si osserva una svolta qualitativa nello sviluppo del bambino, con una crescita spiccata del suo grado di competenza. Senza preavviso, il piccolo è entrato in una nuova fase. Ora è sveglio e vigile per periodi molto lunghi, piange meno e, non appena la vista si fa più precisa e l'udito più acuto, si mostra maggiormente coinvolto in ciò che gli succede attorno. Ma, soprattutto, sta acquistando la capacità di interazione sociale e sembra voler trascorrere con voi tutto il tempo di veglia.

Il cambiamento è ancora più straordinario nei bambini che durante i primi mesi piangono inconsolabili o soffrono di coliche. Alcuni neonati piangono fino a tre ore al giorno a partire dalle tre settimane di vita, con un picco tra le quattro e le sei settimane, e continuano così fino ai tre mesi. Di fronte al pianto persistente e inconsolabile del figlioletto, i genitori tendono a deprimersi o a sentirsi sopraffatti, ma al giro di boa dei tre mesi, con loro grande sollievo, la maggior parte dei neonati comincia a piangere meno e a concedersi per la prima volta periodi prolungati di gioco ed esplorazione. Per questi bambini, e per i genitori, è un nuovo inizio.

Anche i ritmi del riposo cambiano. A tre o quattro mesi il sistema nervoso è abbastanza maturo perché il ciclo di sonno e veglia si faccia più regolare e prevedibile; in questa fase sia i periodi di sonno che quelli di veglia durano tre o quattro ore ognuno, se non di più. Tuttavia, ogni bambino ha il proprio ritmo individuale, che dipende dallo sviluppo del sistema nervoso centrale e dal carattere, perciò il tempo che impiega per abituarsi al ciclo di sonno e veglia può variare notevolmente. In questo periodo, inoltre, vostro figlio inizia a sviluppare il proprio ritmo circadiano: ora è in grado di distinguere il giorno dalla notte e tende a dormire più di notte che di giorno. Intorno ai due o tre mesi di vita, infatti, la ghiandola pineale situata al centro del cervello comincia a produrre l'ormone della melatonina, il quale fornisce al bambino un orologio interno che lo aiuta a regolare il suo ciclo di sonno e veglia. Benché ognuno sia diverso e alcuni impieghino più tempo per acquisire un ritmo circadiano, a sei mesi la maggior parte dei bimbi dorme tutta la notte con uno o due risvegli.

Il peso del neonato vi rivela se mangia a sufficienza e assimila bene le sostanze nutritive. A quattro mesi il piccolo avrà più che raddoppiato il peso alla nascita e sarà cresciuto di dieci-dodici centimetri. Con l'accelerazione della crescita e l'aumento del fabbisogno nutrizionale, anche i ritmi alimentari cambiano. Il latte materno è ancora l'alimento più adatto, ma verso i quattro mesi vostro figlio potrebbe avere bisogno di un'aggiunta di cibo solido. A questa età gli intervalli tra un pasto e l'altro si allungano, gli orari delle poppate diventano più prevedibili e i ritmi del bambino e della famiglia entrano in maggiore sincronia. Tuttavia, se lavorate fuori casa, adattare i ritmi familiari alle esigenze dell'allattamento può essere complicato.

Nel giro di pochi mesi la postura del bambino e il tono muscolare della testa e delle spalle si rafforzano, e presto il piccolo è in grado di restare seduto mentre tende le mani per esaminare un giocattolo che ha attirato la sua attenzione. Le nuove abilità spalancano un mondo di opportunità entusiasmanti che vostro figlio non potrà fare a meno di esplorare. L'osservazione e l'ascolto potrebbero continuare a essere le sue modalità di apprendimento preferite, ma ora ha la possibilità di imparare anche sperimentando con le mani. Entro i quattro mesi è in grado di trattenere ed esaminare un giocattolo che gli viene messo in mano, ed entro i cinque può afferrare un cubo e perfino passarselo da una mano all'altra. Verso i cinque o sei mesi comincia a sollevarsi e a muoversi strisciando – spingendosi oltre le vostre braccia e il vostro grembo – ed entro la fine del primo anno di vita potrebbe già avere mosso i primi passi e pronunciato la prima parola.

Il bambino sociale

Nei primi mesi, ciò che vi salterà all'occhio forse più di ogni altra cosa sarà il cambiamento nel modo in cui il vostro bambino vi guarda. Fra i tre e i cinque mesi il piccolo comincia a maturare le sue competenze sociali. Poiché non può ancora spostarsi da solo, il suo mondo ruota tutto intorno all'interazione con voi e lo troverete disponibile a periodi sempre più lunghi di socializzazione vis-à-vis. Ora è in grado di controllare lo sguardo quasi come un adulto e riesce ad attirare la vostra attenzione semplicemente fissandovi. Vi capiterà di rimanere fermi a guardarvi negli occhi, talora in silenzio, per lunghi periodi senza un motivo preciso: vi state semplicemente godendo la compagnia l'uno dell'altro, e la contemplazione reciproca vi permette di conoscervi meglio. Lo sguardo del bambino adesso è più penetrante, più «perspicace», come se riuscisse a scrutarvi nell'anima. Nel giro di pochi mesi questi momenti acquistano complessità, dal momento che il piccolo diventa più esperto nel regolare le proprie interazioni faccia a faccia. Per esempio, può rendere il rapporto più intenso con un ampio sorriso seguito da una risata felice, oppure porre fine a un'interazione semplicemente girandosi dall'altra parte. È in questi momenti che il vostro bebè comincia ad apprezzare la comunicazione e il linguaggio; ma soprattutto, insieme, ponete le basi di un rapporto che durerà per tutta la vita.

Il bambino indulgente

Le prime interazioni tra genitore e figlio vengono talvolta paragonate a una danza rituale perché ricordano i rituali di corteggiamento di alcune specie animali, in cui la coppia esegue movimenti identici con una precisione straordinaria. Una descrizione simile però potrebbe generare in voi l'aspettativa di interagire sempre in perfetta armonia con il vostro bambino: un'attesa tanto elevata e priva di realismo che può intimorire e diventare fonte di ansia. Come in ogni rapporto in fieri, le interazioni tra voi e vostro figlio sono complesse e impegnative, e dovete aspettarvi malintesi e momenti di comunicazione mancata. Potrà capitarvi di provare irritazione nei confronti del piccolo o addirittura di arrabbiarvi con lui per gli inconsolabili pianti notturni, o per come si agita freneticamente mentre cercate di vestirlo. Per fortuna, i bambini sono indulgenti. Dopo un episodio sgradevole, vostro figlio vi consentirà sempre di rimettervi in carreggiata e vi offrirà svariate occasioni per imparare dagli errori, in modo che possiate interagire con reciproco piacere.

Uno sguardo al futuro

Sugli scambi vis-à-vis che nei prossimi mesi riempiranno gran parte del tempo trascorso insieme, il bambino costruirà la capacità di comunicare e quindi le sue future interazioni nella vita. Poiché questo è un periodo in cui il cervello si sviluppa rapidamente, ogni esperienza sociale trasformerà profondamente varie funzioni neurali del suo cervello. Ogni volta che ricambiate un suo sorriso, ogni volta che riuscite a confortarlo quando piange perché è in difficoltà, ogni volta che saziate la sua fame, vengono stimolati impulsi elettrici che favoriscono lo sviluppo cerebrale.

Il modo in cui vi comportate con vostro figlio gli fornisce un modello interiore, un'aspettativa su come le persone devono comportarsi con le altre. Le concessioni reciproche che vi fate quando giocate insieme per lui sono un'esperienza cruciale di rispetto e tolleranza, di perdono e ricostituzione dell'armonia. In particolare, questi primi scambi gli insegnano cosa vuol dire amare ed essere amati in modo incondizionato. Il bambino capisce in questo modo di ispirare amore, di esserne meritevole, una consapevolezza che nutre il suo intimo senso di sé.

Un neonato dà speranza

«La vita è una fiamma che via via si consuma, ma che riprende fuoco ogni volta che nasce un bambino» ha scritto George Bernard Shaw. A molti genitori il futuro può sembrare duro e impegnativo, addirittura sconfortante. Un neonato ci regala la speranza e, insieme, una nuova prospettiva in grado di sostenerci nell'affrontare il domani; intatto e carico di promesse, un neonato è un antidoto alla delusione, alla tristezza e perfino alla disperazione. I bambini ci rinnovano e ci trasformano infondendo in noi la passione e la forza che ci serve per fronteggiare le incertezze della vita: la loro nascita può essere il momento supremo in cui, per citare Seamus Heaney, «speranza e storia fanno rima».

Nota dell'autore

Ogni volta che ho l'opportunità di trascorrere un po' di tempo con un neonato, lo considero un privilegio, anzi, un onore. Il fatto che i genitori mi permettano di prendere in braccio il loro bambino e di interagire con lui in questo momento così delicato della loro vita mi commuove sempre. Ma è il neonato, nella sua straordinaria perfezione e sensibilità, nella sua bellezza e unicità, a conferire all'occasione un senso di attesa, fascino e soggezione. La sua capacità di destare il nostro istinto di protezione rende la visita di un neonato indimenticabile per tutti coloro che hanno la fortuna di essere presenti.

Conosco bene il profondo apprezzamento e l'attesa con cui ho visitato ognuno dei bambini ritratti in questo libro, nel corso dei loro primi giorni di vita al Brigham and Women's Hospital di Boston e in seguito nelle loro case.

Ho avuto la possibilità di condividere l'emozione dei genitori mentre, con il sistema di osservazione del comportamento neonatale (Newborn Behavioral Observation, NBO), esaminavo la stretta di mano o il riflesso di marcia di un bambino di un giorno, ne osservavo un altro seguire una palla rossa con movimenti fluidi degli occhi, e un altro ancora girarsi al suono della voce di un genitore. Sono rimasto toccato e colpito dall'energia e dalla passione di madri e padri, dalle speranze e dai sogni che nutrono sul futuro dei figli, e mi riempie di gratitudine sapere che le mie visite sono entrate a far parte della storia familiare di molti di questi bambini.

Per me come per i genitori ogni seduta è stata resa indimenticabile dalla presenza del grande fotografo Abelardo Morell, il cui calore umano e il profondo rispetto per i bambini si riflettono nelle fotografie raccolte in questo libro. Il suo sguardo sensibile ci ha permesso non solo di documentare le straordinarie competenze di ogni piccolo, ma anche di coglierne le espressioni sottili, così fugaci da essere quasi impercettibili, che aprono una finestra sulla mente e sull'animo del bambino fornendoci la chiave del suo «linguaggio».

Nello scrivere il testo il mio obiettivo era quello di informare senza pedanterie, di essere conciso rendendo però giustizia alla ricchezza e alla precisione degli studi sui comportamenti che descrivo. Speravo di riuscire a rendere accessibili le scoperte che abbiamo fatto nel corso delle nostre ricerche, fornendo ai genitori informazioni utili e affidabili senza essere prescrittivo.

Collaborare con Abelardo Morell è stato un onore speciale ed è stata una fortuna anche lavorare con la sua assistente, Aimee Fix, laureata al Massachusetts College of Art, che ora sta passando dalla fotografia alla medicina. Aimee ha allestito ogni scatto con abilità artistica, eleganza e buonumore. Il progetto è stato coordinato da mia figlia, Aoife Nugent, dottoranda al Pratt Institute di New York, che ha reso questa esperienza di lavoro felice, costruttiva e indimenticabile. La professionalità di Aoife ha fatto in modo che non perdessimo mai di vista le esigenze dei bambini e delle loro famiglie, anche quando seguivamo una tabella di marcia serrata. Osservare e fotografare questi neonati durante le prime ore e i primi giorni di vita è stato un privilegio straordinario, reso possibile dalla gentilezza dei medici, degli infermieri e del personale del Brigham and Women's Hospital. Siamo loro profondamente grati.

Quando è arrivato il momento di unire testo e fotografie, Lisa McElaney ha contribuito con competenza e saggezza; Joseph Nugent e Una McGeough-Nugent hanno condotto una prima lettura critica del testo; la mia collega di ricerche Nancy Snidman ha rivisto i riferimenti alla psicologia. Vorrei ringraziare anche Peg Anderson per la revisione stilistica. Questo sforzo comune non avrebbe avuto successo senza l'incoraggiamento e il sostegno generoso e instancabile della nostra editor, Deanne Urmy, che più di ogni altro ha reso possibile l'intero progetto: Deanne ha revisionato il testo con perizia e pazienza, guidandoci in ogni fase del cammino con garbo e stile.

Mentre scrivevo questo libro ho ripensato costantemente alla fortuna che ho di poter studiare i neonati sotto la guida di Berry Brazelton all'Ospedale pediatrico di Boston. Insieme a Berry, mi hanno introdotto al mondo dei neonati Heidelise Als e Constance Keefer. La loro competenza e la dedizione ai bambini e alle famiglie mi hanno dato tanto nel corso degli anni, e molte delle loro idee e dei loro valori si sono riversati in queste pagine. I miei sinceri ringraziamenti vanno anche ai colleghi del Brazelton Institute, Susan Minear, Lise Johnson, Yvette Blanchard e Beth McManus, che mi hanno insegnato tanto sul linguaggio dei neonati e hanno sempre dato ai bambini e ai genitori il rispetto che meritano.

Infine, ai bambini e i loro genitori posso solo dire con ammirazione e riconoscenza profonde: *Go raibh mile maith agaibh*, mille grazie.

Nota del fotografo

Quando mia moglie e io diventammo genitori, la mia vita di artista cambiò radicalmente. Accudire i bambini mi ispirò il desiderio di sentire e ritrarre la vita in modi nuovi. Se in passato i miei lavori si basavano sulla scomposizione del mondo in quadri surreali, le foto di famiglia che iniziai a scattare avevano un legame più stretto con i sensi e rivelavano un'intimità che prima mi era ignota.

Dal punto di vista fotografico la vita pareva scorrere più lentamente, e nell'atto di vedere, le cose diventavano più intense. Sono convinto che il lavoro che ho svolto da allora in poi riflette quei primi giorni di paternità, quando una creatura nuova al mondo reclamava la mia attenzione totale, stimolando al contempo la mia creatività.

In primo luogo voglio ringraziare mia moglie, Lisa McElaney: mente scattavo queste foto, le sue ricerche e la sua comprensione del mondo della prima infanzia sono stati per me una fonte di ispirazione inestimabile e rivelatrice. È stata proprio lei a convincermi che sarei stato il fotografo giusto per questo progetto.

Scattare le foto qui raccolte è stato un lavoro entusiasmante. Ed è stato un onore lavorare con Kevin Nugent, le cui doti di intermediario con il mondo dei bambini sono a dir poco miracolose. D'ora in poi, troverò qualsiasi pretesto per stare vicino ai neonati, se non altro per ricordare il motivo principale per cui sono diventato papà.

Vorrei ringraziare la mia assistente, Aimee Fix, la cui competenza fotografica è stata inestimabile. Spesso sono stati i suoi suggerimenti a rendere migliori le mie foto.

Finito di stampare nel mese di settembre 2012 presso Grafiche AZ - Verona